시적 상상력으로
주역을 읽다

시적 상상력으로
주역을 읽다

심의용 지음

글항아리

한문에 대한 부족감을 절실히 느끼고 늦은 나이에 고전번역원을 다닐 때가 있었다. 그때 장재한 선생님으로부터 '당시唐詩'를 배웠다. 당시를 읽는다는 것은 쉽지 않은 일이었다. 어떤 것은 담담하고 심심했으며 또 어떤 것은 전혀 감동이 없었다. 단지 시적인 감수성의 문제만은 아니었다. 한문의 세계는 깊고 넓다.

장재한 선생님께서는 자세히 설명해주시지 않았지만 간단하게 툭툭 한 말씀을 던지곤 했다. 거기에 핵심이 있었다. 유종원柳宗元의 「강설江雪」을 읽을 때였다. 심드렁히 듣고 있는데 선생님께서는 이 시를 읽을 때마다 『주역』의 복復괘가 생각난다고 간단히 언급을 하셨다.

졸린 눈이 번쩍 뜨였다. 『주역』의 복괘라니. 그때부터 당시를 읽을 때면 한 구절 한 단어를 쉽게 넘길 수 없었다. 단순하게 선택된 말이 아닐지도 모른다는 생각이 들어서였다. 예상외로 당시에는 고전들의 흔적이 많았다. 중국 사대부 문인들은 고전을 머릿속에 모두 암기한 사람들이니 고전 속의 문구들은 서로 뒤섞인다.

한시漢詩에는 용사用事라는 작법이 있다. 인용고사引用古事다. 현대적으로 말하면 표절이나 패스티시pastiche다. 나쁜 일이 아니다. 오히려 높이 평가한다. 고전의 문구나 한 글자가 시 속에서 다른 의미로 파생된다. 묘한 맛이 있는 것이다.

단지 시만이 아니라 그림 속에서도 『주역』의 흔적들을 찾아볼 수 있다. 감히 말하건대 『주역』은 중국 문화 저변에 다양한 방식으로 깔려 있는 문화적 코드다. 중국 문화뿐만 아니라 조선조 문화 속에서도 그런 자취를 찾아볼 수 있다. 이런 발상으로 시들을 읽으니 그 의미가 새롭게 읽혔다. 이 책은 그런 독해의 어설픈 흔적들이다.

물론 『주역』은 분명 점占과 관련된 문헌이었다. 점성술과 유사한 맥락을 갖는다. 그러나 『주역』의 원리가 제아무리 신비하다고 할지라도 우주 운행의 원리를 이해하고 기운을 느끼고자 하는 마음이 간절하다면, 『주역』을 신줏단지처럼 모시는 점술가들에게는 미안한 말이지만, 서양의 현대 과학을 공부하는 것이 더 정확하고 빠른 길이다.

단적으로 말하자면 중국 지식인들은 우주의 운행이나 기운을 가지고 점을 치려는 점성술과는 전혀 다른 방식으로 『주역』을 독해했다. 오히려 『주역』을 구체적인 사회 정치적 상황 속에서 어떻게 적합하게 행할 것인가를 드러내는 상징으로 읽었다. 실천적 지침서practical guides라고 할 만하다.

그럴 때 점이란 결정된 숙명을 예측하는 것이 아니라 주어진 상황 속에서 의미 혹은 의리義理를 실현하려는 결단을 위한 지침서였다. 다양한 상징적 언어와 암시로 가득하며 인간사의 희로애락의 이야기가 펼쳐진다. 시적인 상상력과 서사적 상상력을 동원하여 독해할 필요가 있는 이유다.

『주역』은 흔히 태극기에서 볼 수 있는 문양인 괘 그리고 괘에 달린 말인 괘사卦辭와 효사爻辭로 이루어졌다. 괘를 이루는 효爻란 6획劃으로 구성된다. 획이란 화畵, 즉 그림과 통한다. 그런 의미에서 6획으로 구성된 괘란 그림이다. 고도로 압축된 추상화다.

괘에 달린 괘사나 효사는 시처럼 모호하고 함축적인 상징과 말로 이루어져 있다. 그림에 시詩가 달려 있는 꼴이다.

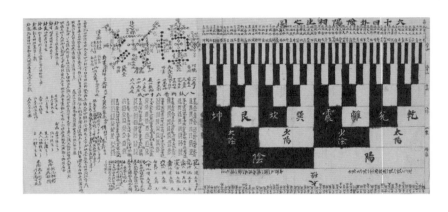

「육십사괘 음양상생지도六十四卦陰陽相生之圖」, 조선시대, 32.4×71.2cm, 국립중앙박물관 소장

"시 속의 그림이요, 그림 속의 시다詩中畫, 畫中詩." 그림을 보는 것은 '상징 이면에 담긴 의미象外之意'를 읽는 것이고, 시를 읽는 것은 '언어 이면에 담긴 의미言外之意'를 이해하는 것이다.

『주역』에 대한 철학적 해설서인「계사전」에는 이런 말이 있다. "문자는 말을 다 표현하지 못하고 말은 뜻을 다 표현하지 못한다書不盡言, 言不盡意." 그래서 "성인은 괘효의 상징을 만들어 뜻을 완전하게 표현하고자 했다聖人立象以盡意." 그렇다면 문제는? 성인이 드러내고자 한 뜻이다.

뜻으로 번역한 '의意'란 무엇인가. 의미다. 뜻에서 우러나오는 맛으로서의 의미意味이며 그 의미의 지향으로서의 의향意向이고 그 의미를 실현하고자 하는 숨은 전략으로서의 의도意圖이며 그 의미를 실현하고자 하는 의지意志다. 동아시아 문헌 가운데 역사적 시간의 경험이 누적되어 가장 많은 해석이 쌓여온『주역』에서 읽어내야 할 것은 바로 그들이 겪었던 삶의 의미다.

대표적인 의리역학義理易學자인 정이천程伊川은 '진퇴존망進退存亡의 도리'가 담긴 문헌으로『주역』을 규정한다. 진퇴란 권력의 중심부를 향한 진퇴이며 자신이 행하려는 마음의 거취去就다. 존망이란 무엇일까. 맹자는 이렇게 말한다. "하늘의 이치를 따르는 자는 존하고 하늘의 이치를 거스르는 자는 망한다順天者存 逆天者亡."

그렇다면 권력이 길항하는 세勢의 흐름과 변화 속에서 정세와 형세 판단에 근거하여 하늘의 이치에 따라 자신이 위치해야 할 시공간의 좌표를 결정하고 자신의 진실한 의미를 실현할 방향을 지향하는 '정치적 전략서'다. 나는 이런 의리역의 관점에 주목한다.

그러나 『주역』은 '실천적 지침서'이지만 단지 '시뮬레이션 게임'일 뿐이다. 그런 의미에서 궁극적으로는 버려져야 할 책이다. "뜻을 얻었으면 상을 버려라得意忘象." 모든 시뮬레이션 게임이 그러하듯 가상공간에서의 연습일 뿐이며 그곳에서의 생생한 현실감은 주어진 착각일 뿐이다.

전투 시뮬레이션 게임의 달인일지라도 실제 전투에서는 겁쟁이가 될 수 있다. 진짜 현실은 다르다. 그러니 '시뮬레이션 게임'일랑 집어치우고 어서 저 생사가 넘나드는 현실에 오직 자신의 진실 하나를 견지하고 몰락하시길. 그곳에 진짜 살 떨리는 역易이 있으니.

당시의 세계에 눈뜨게 해주신 지산地山 장재한 선생님께 감사드린다. 부족한 글을 좋게 봐주신 글항아리 강성민 대표와 편집부에게 감사드린다. 어설픈 『주역』 공부에 대해 끊임없이 격려해준 노승현 기획위원에게도 감사드린다. 아내 김영선, 힘들어도 잘 참아주어 고맙다. 딸 심은호, 어느새 이렇게 건강하게 자라주어 고맙다. 힘든 세월을 잘 견뎌낸 형과 형수에게도 감사드린다. 홀로되신 어머니께도 감사와 죄송한 마음을 전한다. 그리고 아버지. 뒤늦게 이렇게 후회하며 죄송스런 마음 어찌할 수 없네요. 감사드립니다. 고이 영면하소서.

2016년 11월
심의용

왜 물기 머금은 꽃들은
금관성을 압도했을까?

두보의 「춘야희우」와 손巽괘

1

좋은 비 때와 절기를 알아 好雨知時節

봄을 맞아 생기를 준다 當春乃發生

바람결을 따라 몰래 밤에 찾아들어 隨風潛入夜

만물을 적시네, 가늘어 소리도 없이 潤物細無聲

들길에는 구름이 온통 컴컴한데 野徑雲俱黑

강 위의 배 등불만 반짝거린다 江船火獨明

동틀 무렵 보리라 그 붉게 젖은 곳에서 曉看紅濕處

물기 머금은 꽃들 금관성 압도하는 장관을 花重錦官城

15

"시어가 사람을 놀라게 하지 않으면 죽어도 그만두지 않는다語不驚人, 雖死不休"던 두보杜甫의 「춘야희우春夜喜雨」다. 두보의 자는 자미子美이고 호는 소릉少陵이다. 중국 최고의 시인으로 시성詩聖이라 칭한다. 이 시의 첫 구절만큼 사람들의 감탄을 자아낸 문장도 없다. 호우시절好雨時節이라는 말로 유명한 구절이다. '때를 알고 내리는 좋은 비'라는 의미다.

이 시에 대한 일반적인 견해는 대체로 두 가지다. 오랜 가뭄 끝에 내리는 비가 만물을 생기 있게 만들어주니, 농민들이 기뻐한다. 이에 농민들의 마음을 묘사한 시라고 본다. 때맞춰 내린 비에 금관성의 꽃이 화사하게 피어날 것이니, 아름다운 장관이다. 이에 자연의 경치를 묘사한 정원시라고 보기도 한다.

고작 정원시일까? 천만에! 천하의 두보가 누구이던가? 그는 나라에 대한 무거운 책임감을 지고 자신의 갈등과 비애를 묘사하지 않았던가? 백성을 착취하는 위정자들을 폭로했고 전쟁으로부터 고통받는 백성의 삶을 동정했다.

권력이 백성에게 어떠한 영향을 주었는지를 물으며 정치와 역사에 대한 관심을 시로 표현했다. 백성의 고통을 누구보다 더 잘 알고 있었던 것이다. 그런 그가 동틀 무렵 보았던 그 장관이 고작 백성의 삶과 무관한 자연의 아름다운 정경일 뿐이었을까?

내가 주목했던 구절은 '물기 흠뻑 머금은 꽃들이 금관성을 압도한다'고 번역한 '화중花重'이라는 말이다. 왜 '중重'이라는 단어를 썼을까? 많은 해석자가 의아해했던 부분이다. 이는 글자 그대로 꽃이 무겁다는 뜻이다. 비가 와서 꽃들이 물기를 머금었기에 무거워졌다. 난 그것이 의미하는 바가 무엇인지 궁금했다. 물기를 머금어 무거워진 꽃들.

호우시절好雨時節이란 말은 대체로 사랑과 사업과 정치 등 어떤 영역에서건 타이밍이 중요하다는 말로 이해한다. 그러나 타이밍에 앞서 먼저 물어야 할 것은 어떤 타이밍이냐다. 만물이 필요로 하는 것을 필요할 때 주는 타이밍이어야 한다. 만물이 필요로 하는 절박함을 먼저 경청하고 이해하지 않는 타이밍은 교활한 사기술로 변질되기도 한다.

호우시절은 사랑을 주는 방식과 은택恩澤의 영향력을 상징한다. 덕德은 타인에게 덕택德澤의 영향력이 된다. 택澤이란 연못이고 물이다. 연못의 물처럼 소리 없이 스며들어 농작물을 소생케 한다. 연못이란 비가 온 결과이기도 하다.

좋은 비는 집중호우나 폭우暴雨와는 다르다. 필요 없는 비를 지나치게 많이 쏟아붓는다면 홍수가 날 뿐이다. 또한 필요한 비일지라도 폭력적으로 쏟아붓는다면 만물에 해를 끼

칠 뿐이다. 사랑도 안달하고 닦달하며 마구 퍼부으면 오히
려 부담스럽다. 사업도 그러하지 않던가.

시절을 아는 좋은 비는 만물이 필요한 것을 가장 적절할
때 베풀면서도 티내지 않는다. 은혜를 받은 만물도 비가 끼
친 영향력을 의식하여 감사하지 않는다. 그럼에도 강한 생명
력을 일으키며 꽃을 피운다. 비라고 해서 다 같은 비가 아니
다. 시절을 아는 좋은 비는 사람들의 마음속에 봄비처럼 스
며들어 꽃피워낸다. 아무런 대가와 자랑도 없이.

2

주목해야 할 부분은 바람결에 몰래 밤에 찾아든다는 표현
이다. 바람결에 몰래 잠입하여 은혜와 영향력을 준다. 그러
나 가늘어 소리가 없으니 은혜를 준 티를 내지 않고 영향력
을 주었는데도 영향받은 사람이 그것을 의식하지 못한다.

이것이 중요하다. 가늘어 소리가 없다는 것은 가랑비에
옷 젖는 것을 모르듯이 흠뻑 젖어버렸는데도 알지 못한다는
말이다. 젖어버렸다는 것조차 의식하지 못하는 영향력이다.
슬그머니 우리 가슴속에 스며들어 마음을 움직인다.

'바람결을 따라'라고 번역한 '수풍隨風'이라는 말이 수상쩍

다. 왜 하필 좋은 비는 바람결을 따라 몰래 잠입해야만 했을까? 단순한 이 말은 스쳐 지나갈 바가 아니다. 곰곰이 음미되어야 할 말이다.

한시漢詩에는 용사用事라는 작법이 있다. 용사는 인용고사引用故事의 준말이니 고전이나 다른 시인들의 시에서 어떤 생각과 사실을 단순한 단어 혹은 말로 집약시키는 일이다. 표절이기도 하지만 나쁜 일은 아니다. 오히려 높이 평가한다.

국화를 사용하여 글을 썼다면 그것은 단순한 비유가 아니라 국화를 좋아했던 도연명의 작품 또는 취향과 연결되어 다른 의미와 함축을 생성한다. 본래의 뜻보다 더 새로워질 수도 있다. 이를 점화點化라고 한다. 용사는 비열한 표절의 도둑질이 아니다.

다산 정약용은 "두보의 시가 전례典例와 고사故事를 쓰되 흔적을 남기지 않아서, 자작인 듯하지만 자세히 보면 모두 출처가 있다. 이것이 그가 시성詩聖이라는 칭호를 얻은 까닭"이라며 용사를 적극 옹호했다.

다산은 문장의 글자마다 인용한 근거가 있어야 한다는 의미에서 '자자유래처字字由來處'를 강조했다. 그렇지 않으면 수준 떨어지는 글이다. 옛사람들의 글쓰기에는 이런 묘미가 있다. 용사는 단순한 표절이 아니라 새로운 의미를 생성하는 시적 기술이다.

그렇다면 시성이었던 두보의 시에도 이런 용사가 없을 리 없다. 주목할 말은 '수풍'이다. 『주역』과 무관하지 않다. 쉰여덟 번째 괘가 손巽☴괘다. 중풍손重風巽이라고 한다. 여기서 중重은 중첩된다는 뜻이다. 바람을 상징하는 손巽☴괘가 위아래 중첩되어 있다. 손괘의 「상전象傳」은 이러하다.

잇따르는 바람이 손괘의 모습이니, 군자는 이것을 본받아 명령을 펼쳐서 정치적 영향력을 행사한다.
象曰. 隨風巽. 君子以申命行事.

여기서 '잇따르는 바람'이라고 번역한 말이 '수풍隨風'이다. 이 이미지가 손巽괘를 상징한다. 손巽은 흔히 유순함 혹은 공손함이라고 번역되지만 손巽괘의 상징은 바람이다. 바람은 '들어간다'라는 '입入'의 뜻이 있다.

바람은 아주 미세한 틈일지라도 들어간다. 아무도 모르게 들어가기에 잠입潛入이기도 하다. 바람은 미세한 틈에 잠입하되 가늘어 소리도 없으니 누구도 알지 못한다. 두보가 '몰래 온다'는 말을 '잠입潛入'이라고 표현한 까닭은 손巽괘를 의식했기 때문이 아닐까?

손괘를 중풍손重風巽이라고 했다. '중重'은 무겁다는 뜻이 아니라 중첩되고 연결된다는 의미이므로 '잇따르는 바람'이라고 번역할 수 있다. 수풍손隨風巽과 같은 뜻이다.

손巽괘가 상징하는 바람은 부드럽고 공손한 영향력이다. 저항 없이 들어가니 막힐 일이 없다. 군자는 이 바람의 모습처럼 명령을 펼쳐서 정치적 영향력을 행사한다. 가늘어 소리도 없지만 백성은 기쁘게 복종한다. 바람의 영향력은 『논어』에서도 나온다. 공자는 계강자季康子가 정치에 대해 물었을 때 이런 비유를 했다.

군자의 덕은 바람이고 소인의 덕은 풀이다. 풀에 바람이 가해지면 풀은 반드시 쓰러진다.
君子之德, 風, 小人之德, 草, 草上之風, 必偃.

3

물어야 할 것은 풀을 반드시 쓰러지게 만드는 바람의 영향력이 어떤 것인가이다. 공자에 따르면 그것은 군자의 덕이다. 『주역』의 철학적 해설서인 「계사전繫辭傳」에서는 덕德

을 상징하는 괘들을 설명하는 부분이 있다. 그 가운데 '손괘는 덕의 제재다巽, 德之制'라는 말이 있다.

손괘는 바람과 같은 부드러운 능력으로 모든 일을 제재하고 제어한다. 그래서 제압한다. 손괘가 상징하는 바람과 같은 덕에 의한 제재는 강압적인 금지나 폭력적인 처벌이 아니다. 때문에 「계사전」에서는 "공손함으로 권도權道를 행한다巽以行權"라고도 한다. 여기서 말하는 권도란 권모술수를 의미하지 않는다.

권도의 의미를 「계사전」은 "공손함은 사물의 실정을 헤아려 사업을 시행하지만 그것이 아무도 모르게 드러나지 않는다巽稱而隱"고 한다. 주희朱熹는 "사물의 마땅함에 걸맞게 행하면서도 잠겨서 숨어 드러나지 않는다稱物之宜而潛隱不露"고 설명한다.

결국 손괘가 상징하는 것은 군주나 군자가 백성이 처해 있는 실정을 헤아려서 그에 걸맞게 정치적 영향력을 행사하는 것이다. 시절에 알맞게 행하는 비와 같다. 그것이 권도라는 방식이다. 강압적이거나 폭력적이지 않은 부드러운 영향력이다.

백성은 그 영향력을 의식하지 못한 채 영향을 받아서 스스로 생명력 가득한 힘을 얻는다. 강제적이지 않으면서도 백성의 마음을 부드럽게 감동시켜 복종하게 만드는 잠입이다. 그래서 손괘에는 혁신의 의미가 담겨 있다.

「계사전」에서 설명하는 손괘의 내용들을 음미하면 두보가 왜 "바람결을 따라 몰래 밤에 찾아들어, 만물을 적시네, 가늘어 소리도 없이"라고 표현했는가를 이해할 수 있다. 군주와 군자의 덕은 좋은 비처럼 시절을 헤아려 때에 맞게 바람결을 따라 몰래 잠입하여 아무도 모르게 어떤 영향력을 미친다.

그것은 명령을 통해 법을 혁신함으로써 삶의 조건을 바꾸는 것일 수도 있고, 도덕적 영향력을 통해 정신을 혁신하여 삶을 일깨우는 것일 수도 있다. 사람들은 이런 영향력을 통해 생기를 얻어 자발적으로 복종하면서도 이를 굴종이라고 생각하지 않는다.

그렇다면 이렇게 바람결 따라 좋은 비를 내려서 영향력을 미칠 수 있는 사람이 이 시에는 어떻게 묘사되고 있을까? 내가 주목하는 것은 이 시의 후반부다.

흔히 한시漢詩에서 절구絶句 형식은 기승전결로 나누고 율시律詩 형식은 수련首聯·함련領聯·경련頸聯·미련尾聯으로 나뉜다. 대체로 전반부는 선경先景이라 하고 후반부는 후정後情이라 한다. 선경은 앞부분에 정경이 펼쳐진 것이고 후정은 뒷부분에 감정이 드러난 것이다.

이에 따른다면 경련과 미련의 후반부는 시인의 상상과 정서가 가미된 후정 부분일 수 있다. 이 시의 경련 부분에서 들길의 어둠과 배 등불의 희미한 밝음이 대비된다는 점은 실제의 풍경이라기보다는 상징적이다. 암흑과 빛의 대비. 이는 자연 풍경이라기보다 시인 자신이 느낀 현실이 투사된 이미지다.

구름이 깔려 들판의 길이 어둡다는 것은 암담한 현실의 상황을 비유한다. 그렇다면 강가에 희미하지만 뚜렷한 배의 등불은 무엇을 상징할까? 늘 밝게 깨어 있는 외로운 지식인이 아닐까? 지식인이란 암담한 현실 속에서 고독하게 홀로 깨어 세상 사람들을 일깨워야 하는 빛이기 때문이다.

심사정沈師正의 「강상야박도江上夜泊圖」라는 그림이 있다. 심사정은 조선 중기의 선비 화가로 자는 이숙頤叔이고 호는 현재玄齋다. 증조부 지원之源이 영의정을 지낸 이름난 가문에서 태어났다.

그러나 할아버지인 익창益昌이 과거 부정 사건을 저지르고 연이어 왕세자 시해 음모에 연루되어 극형을 당하게 되었다. 이로써 집안은 몰락하고 심사정은 평생 벼슬길에 나갈 수 없었다.

「강상야박도江上夜泊圖」, 심사정, 비단에 엷은색, 153.2×61cm,
국립중앙박물관 소장

그의 「강상야박도」는 두보의 「춘야희우」 가운데 "들길에는 구름이 온통 컴컴한데, 강 위의 배 등불만 반짝거린다"는 시구를 소재로 그린 작품이다. 화제畫題로 이 구절이 적혀 있다. 심사정은 두보의 시에서 왜 하필 이 구절만 따다가 화제로 삼았을까? 그리고 다른 것이 아닌 왜 강 위에 정박한 사공의 모습만을 적막하게 그렸을까?

사공은 무엇을 하고 있었을까? 새벽 어스름 속에 손님을 기다리고 있다. 사공은 고독하게 기다리던 중이었다. 사공 뒤에서는 새벽안개가 잦아든다. 잠시 후 어둠이 걷히고 나면 붉게 젖어 물기 머금고 있는 꽃들이 드러날 것이다. 안개가 걷혀 드러나면 알게 되리라. 간밤에 내린 비가 꽃들에게 얼마나 큰 파장을 불러일으켰는지를.

4

사사키 아타루의 『잘라라, 기도하는 그 손을』이라는 책이 있다. 이 책의 주제는 책과 혁명이다. 부제가 '책과 혁명에 관한 닷새 밤의 기록'이기도 하다. 단적으로 말하자면 혁명은 폭력에 의해 이루어지는 것이 아니다. 사사키 아타루에 따르면 반드시 선행하는 것이 있다. 문학이다. 단순히 소설과 시를 의미하는 것이 아니다. 인문학 전체를 의미하는 글의 힘이다.

고독하게 책을 읽고 다시 쓰는 것이야말로 혁명을 일으키는 근원적인 힘이다. "문학이야말로 혁명의 근원이다." 사사키 아타루는 마르틴 루터의 성서 해석과 번역이 혁명을 일으켰다는 점을 단적인 예로 들고 있다. 혁명에서 폭력은 이차적인 것이고 선행하는 것은 텍스트를 새롭게 읽고 다시 쓰는 일이다.

문학이 백성에게 미치는 영향력은 폭우나 집중호우처럼 폭력적이거나 강제적이지 않다. 때를 아는 좋은 비가 바람결에 따라 소리 없이 스며들어 물기를 흠뻑 머금게 하듯이 문학은 초조해하지 않는다. 오랜 기다림 끝에 혁명으로 이어진다.

그렇다면 고독하게 기다리던 사공은 혁명에 선행하는 문학적 힘에 대한 상징은 아니었을까? 구름이 온통 캄캄한 어둠 속에서도 밝음을 잃지 않는 빛이다. 문학을 읽어내고 창조하는 지식인들이다.

그들이 동틀 무렵 볼 장관은 무엇일까? "물기 흠뻑 머금은 꽃들이 금관성을 압도하는 장관花重錦官城"은 어떻게 상상될 수 있을까? '중重'의 의미는 문자적으로는 물기를 머금어 무거워진 모습이지만 '압도한다'는 말을 덧붙인 이유가 없지 않다. 손☰괘의 의미는 덕으로 이룬 제어 및 제압과 관련된다. 또한 명령을 내려서 정치적 일들을 단행하는 혁신의 의미가 들어 있다.

> 푸른 하늘을 제압하는
> 노고지리가 자유로웠다고
> 부러워하던
> 어느 시인의 말은 수정되어야 한다
> (…)
> 어째서 자유에는
> 피의 냄새가 섞여 있는가를
> 혁명은
> 왜 고독한 것인가를
> 혁명은
> 왜 고독해야 하는 것인가를

김수영의 「푸른 하늘을」이란 시다. 왜 김수영은 혁명을 통해 이룬 자유 속에서 피의 냄새와 함께 고독을 읽어냈을까? 피 이전에 고독은 사사키 아타루가 말한 혁명에 선행하는 문학의 힘이 아닐까? 고독하게 책을 읽고 다시 쓰는 문학의 힘이 사람들에게 미치는 영향력에 대한 믿음이다. 바람결을 따라 몰래 잠입하는 좋은 비, 호우시절이다.

그렇다면 '물기 흠뻑 머금은 꽃들'이란 고독한 문학적 힘이 바람결을 따라 내린 좋은 비처럼 만들어낸 무거운 눈물이 아닐까? 눈물 흠뻑 머금은 소생의 깨달음일 수 있다. 좋은 비가 꽃들의 생명력을 소생하게 만드는 것처럼 문학적 영향력을 받고서 노고지리처럼 푸른 하늘을 제압하는 자유로움이다.

온 도시 사람들이 바람결을 따라 때맞춰 온 비를 맞고 생명력을 얻어 꽃을 피운다. 그리고 혁신을 꿈꾸며 부당한 권력에 저항하는 자유를 외친다. 그 무거움이 쓰촨 성의 수도 청두成都, 금관성을 압도하는 것은 하나의 혁명이라고 일컬을 만한 장관이다.

두보는 물기 흠뻑 머금은 꽃들이 금관성을 압도하는 장관을 동틀 무렵 봤지만, 나는 눈물 흠뻑 머금은 시민들이 시청을 압도하는 장관을 꽃잎 터져 울부짖는 함성 소리에 놀란 채로 봤던 기억이 있다.

왜 꽃이 지는 아침에는
울고 싶을까?

맹호연의 「춘효」와 박剝괘

1

봄잠에 새벽이 온 걸 깨닫지 못하니 春眠不覺曉
곳곳에 새 우는 소리다 處處聞啼鳥
밤에 온 비바람 소리에 夜來風雨聲
꽃은 또 얼마나 떨어졌을까 花落知多少

맹호연孟浩然의 「춘효春曉」다. '봄날 새벽'은 기이하다. 늦
잠을 좋아하는 사람이라면 봄날 새벽의 청신함을 느끼지 못
한다. 그러나 늦잠에서 깨어 듣는 요란한 새 소리 때문에 봄
날 새벽의 서글픔은 더욱 깊다. 어쩌랴, 서글퍼한다고 비바

람이 멈추는 것도 아니다.

새벽이 온지 왜 몰랐을까? 어쩌면 새벽이 오지 않았을지
도 모른다. 잠결에 비바람 소리는 또 어떻게 들었던 것일
까? 그 모진 비바람에 꽃이 지고 있다. 전원의 아름다움을
노래한 시일까? 천만에, 이것은 전원시가 아니다.

물론 맹호연은 전원시로 유명하다. 그러나 그가 묘사하는
전원은 한적하거나 밝지 못하다. 오히려 세상을 한탄하거나
울적한 분위기를 띤다. 그런 까닭에 청신한 새벽에 느끼는
울적함은 애처로움의 미학이다.

육유陸游라는 시인은 촉蜀 땅으로 들어가던 중 자문했다.

이 몸은 시인이나 되라는 걸까? 此身合是詩人未?
가랑비 속 나귀 타고 검문을 지났으니 細雨騎驢過劍門

육유의 이 표현에는 자신이 일개 시인이 되는 것을 달가
워하지 않는 마음이 담겨 있다. 주목해야 할 것은 '나귀를
탄다'는 표현이다. 나귀를 타는 것이 왜 시인을 상징하게 되
었을까? 맹호연 때문이다. "못 보았는가, 눈 속에 나귀 탄
맹호연이 시 읊는 것을. 눈썹은 찌푸리고 어깨는 불쑥 솟은
산 같은 모습을又不見, 雪中騎驢孟浩然, 皺眉吟詩肩聳山." 소동

31

파가 맹호연을 묘사한 이 말 때문에 눈 속에서 나귀를 탄 시인의 이미지는 고착되었다.

당연히 그림의 소재로 널리 이용되었다. 맹호연의 초상은, 아니 시인의 초상은 나귀를 타고 눈 속을 걷는 것으로 묘사된다. 나귀를 타는 모습을 그린 기려도騎驢圖는 무척 많아서 나열할 수 없을 지경이다. 조선조 연담蓮潭 김명국金明國의 「기려도」와 강세황의 「기려인물도騎驢人物圖」가 인상적이다.

눈을 밟고 매화를 찾는다는 '답설심매踏雪尋梅'나 파교에서 매화를 찾는다는 '파교심매灞橋尋梅'라는 이미지도 모두 맹호연을 상징한다. '답설심매'와 '파교심매' 역시 나열할 수 없을 정도로 즐겨 그려졌다. 그중 심사정의 「파교심매도」가 유명하다.

맹호연의 「춘효」와 관련하여 내가 주목하는 그림이 있다. 심전心田 안중식安中植의 「백악춘효白岳春曉」라는 작품이다. 1915년에 백악과 경복궁의 실경을 그린 작품이다. 여름본과 가을본 두 점이 전해진다. 여름과 가을 풍경을 그렸는데 제목이 왜 봄날 새벽을 뜻하는 '백악춘효'일까?

심전은 「백악춘효」에서 백악산과 경복궁을 실제에 가깝게 묘사했다. 그러나 이 그림은 1915년 당시의 경복궁 모습이

「기려도」, 김명국, 종이에 엷은색, 54.8×37.0cm, 국립중앙박물관 소장

아니라고 한다. 이 그림을 그릴 무렵 경복궁은 일제의 탄압 아래 파괴되고 있었던 것이다. 훼손되는 경복궁의 모습은 몰락하는 조선 왕조의 모양새와도 같았다.

쓰러져가는 조선 왕조를 보며 심전은 어떤 심정이었을까? 심전 안중식은 나라가 망해가는 상황에서 이왕직의 요청에 따라 심혈을 기울여 「백악춘효」를 완성한다. 조선 왕조의 봄날이 오기를 바라는 소망을 품고 그렸던 것은 아닐까? 심전은 분명 맹호연의 이 시를 의식했을 것이다. 어젯밤 모진 비바람에 또 얼마나 많은 꽃이 떨어졌을까? 봄날 새벽은 언제 오려나.

2
꽃이 지기로서니
바람을 탓하랴
주렴 밖에 성근 별이
하나둘 스러지고
귀촉도 울음 뒤에
머언 산이 다가서다
(…)

꽃이 지는 아침은

울고 싶어라

조지훈의 「낙화」다. 맹호연의 「춘효」를 읽을 때면 항상 함
께 떠오른다. 맹호연은 모진 비바람에 지고 만 꽃잎을 근심
하지만, 조지훈은 꽃이 졌다고 해서 비바람을 탓할 순 없다
고 한다. 꽃은 질 수밖에 없는 때가 오면 지게 마련이다. 어
쩌란 말인가?

김대중 전 대통령의 유일한 가신이었던 박지원은 2003년
교도소 가는 길에 시를 읊었다. "꽃이 지기로서니/ 바람을
탓하랴." 나는 의아했다. 아니, 정치인이 교도소에 가면서
이런 시 구절을 읊다니. 낭만적이라서 놀랐던 것은 아니다.
그가 내뱉은 시 구절에는 묘한 상징적 대비가 있었다.

정치인의 입에서 나온 비바람은 누구이겠는가? 박해하는
사람들이다. 꽃은 누구인가? 박해를 받는 자신이 아닐까?
자신은 부당한 비바람에 의해 비록 박해를 받지만 아름다운
꽃이기에 탓하지는 않겠다는 대범한 마음을 시로 표현하려
고 했던 것은 아닐까?

대부분의 사람은 맹호연의 시가 봄날의 한가함과 청신함
을 노래했다고 여긴다. 그리고 봄을 시샘하는 비바람과 함

게 덧없이 지고 만 꽃의 허무함을 담담히 바라보는 모습을 읽어낸다. 탐미적이면서 허무한 서글픔이 배어 있는 달관적인 태도다.

그러나 정치인의 입에서 나온 꽃과 바람을 생각한다면 맹호연의 시는 그렇게 한가하지만은 않다. 바람은 부당한 소인배들의 세력이 벌이는 횡포이고 꽃은 그 횡포에 억울하게 당한 군자들이 아닌가? 맹호연은 꽃이 또 얼마나 떨어졌을까라고 근심하고 있다. 정의는 또 얼마나 부당한 세력들에게 박해를 받았던가.

『주역』에는 바로 소인들의 세력이 군자를 박해하는 상황을 상징하는 괘가 있다. 스물세 번째 괘인 박剝☶☷괘다. 산지박山地剝으로 읽는다. 괘의 모습을 보면, 산을 상징하는 간艮☶괘가 위에 있고 땅을 상징하는 곤坤☷괘가 아래에 있기 때문이다.

괘의 모습을 자세히 보면 다섯 개의 음陰--효와 하나의 양陽—효로 이루어져 있다. 음이 아래에서부터 생겨나 점차 자라 극성한 형세로 발전하여 하나의 양을 몰아내고 있는 모습이다. 소멸이며 박멸이다. 빼앗긴다는 뜻이 있다. 모진 비바람에 꽃잎이 모두 떨어져나가고 마지막 하나만이 남아 있다.

이 마지막을 상징하는 효가 박괘의 가장 위에 있는 양효다. 이 마지막 여섯 번째 효의 말은 이렇다.

큰 과실은 먹히지 않는 것이니, 군자는 수레를 얻고 소인은 그의 집을 없앤다.
碩果不食, 君子得輿, 小人剝廬.

여기에 유명한 말이 나온다. 큰 과실은 먹히지 않는다는 의미인 '석과불식碩果不食'이다. 신영복은 이 '석과불식'이라는 말을 아주 좋아했다. 그는 석과碩果를 씨과실로 푼다. 그리하여 '석과불식'을 "씨과실을 먹지 않는다"고 풀면서 희망을 읽었다.

옛날 사람들은 과일을 딸 때 다 따지 않았다. 몇 알은 반드시 남겨 새들의 먹이가 되게 했다. 까치밥이라 한다. 씨과실은 상징적으로 낙엽을 떨구고 앙상한 가지로만 서 있는 초겨울의 감나무를 상상하면 좋다. 앙상한 가지 끝에 달려 있는 빨간 감 하나가 '희망'을 상징한다.

씨과실은 사라지거나 소멸되지 않는다. 씨를 남긴다. 가장 크고 탐스런 씨과실은 단 하나 남았더라도 희망이다. 씨는 이듬해 봄에 새싹을 피우기 때문이다. 스물세 번째 박괘

다음 괘는 무슨 괘일까? 스물네 번째 괘는 복復☷☳괘다. 지뢰복地雷復이라고 읽는다.

땅을 상징하는 곤坤☷괘가 위에 있고 우레를 상징하는 진震☳괘가 아래에 있기 때문이다. 땅 아래에서 우레와 같은 양陽의 기운이 올라온다. 복괘를 자세히 보면 맨 밑에서 양陽효 하나가 여러 음陰의 세력을 뚫고 올라오고 있다. 생명의 소생을 상징하는 괘다. 박괘에서 복괘로 이어지는 과정은 결코 우연이라고 할 수 없다. 생명은 소멸되지 않는다. 반드시 씨를 남기고 소생한다. 다시 빛이 솟아오르는 광복光復이다.

심전 안중식이 1915년 「백악춘효」를 그렸을 때 조선의 광복을 희망했을지도 모른다. 물론 봄날의 새벽 광복은 1945년에 왔다. 하지만 물어야 할 것은 단지 희망만이 아니다. 희망을 꿈꾼다고 해서 반드시 실현되는 것은 아니다.

먼저 물어야 할 것은 희망의 근거다. 희망은 단지 환상적인 허상이 아니기 때문이다. 박괘의 '석과불식'은 먹지 않는다는 의미가 아니다. 먹히지 않는다는 의미다. 그렇다면 왜 먹히지 않았을까?

3

맹호연은 지고 만 꽃잎을 서글퍼했지만 조지훈은 비바람을 탓할 순 없다고 했다. 탓할 수 없다고 해서 체념하고 포기해야 한다는 말일까? 박괘에 달린 괘의 말은 이렇다.

때에 따라 적절하게 멈추는 것은 소멸되어 빼앗기는 모습을 관찰했기 때문이다. 군자는 자라나고 줄어들고 가득 차고 텅 비는 과정을 중요시한다. 그것이 하늘의 운행이기 때문이다.

順而止之. 觀象也. 君子尙消息盈虛. 天行也.

불의한 세력의 비바람에 의해 박해를 받는 고난의 시대에 그 비바람을 탓할 순 없다는 것을 두고 자포자기적 체념이라 할 순 없다. 힘겨워하고 두려워하면서 혼자 괴로워하는 일도 아니다. 분노하고 한탄하고 저주하는 일도 아니다. 무모하게 저항하는 일도 아니다. 자초한 일이라며 자조하는 것도 아니다. 냉정을 되찾는 일이다. "때에 따라서 적절하게 멈추"는 일이다.

"소멸되어 빼앗기는 모습을 관찰했다"는 말은 그래서 비바람의 박해가 일어날 수밖에 없는 상황의 원인과 결과를 냉정하게 관찰하고 이해하는 일이다. "자라나고 줄어들고 가득 차고 텅 비는 과정"을 파악하여 그렇게 될 수밖에 없는 시세의 부득이함을 냉정하게 이해하는 일이다. 이렇게 냉정하게 현실을 이해하면서 희망을 품는 씨과실은 어떤 비바람이 오더라도 먹히지 않는다.

스피노자는 "눈물 흘리지 마라, 화내지 마라, 이해하라"고 했다. 비바람에 꽃이 졌다고 해서 징징거리고 있을 수는 없다. 낙엽을 떨구고 앙상한 가지로만 서 있는 겨울날 나무들의 신세를 직시할 일이다. 어쩌다 이 가혹한 겨울이 왔던 것일까? 어쩌다 단 하나의 감만이 남아 비바람을 견디고 있을까?

이렇게 되어버린 시세와 형세의 원인을 이해할 일이다. 꽃잎이 졌다고 슬퍼할 일도 아니요, 비바람을 탓할 필요도 없다. 자초한 일이라고 자학할 필요는 더더욱 없다. 때가 되면 꽃은 지게 마련이지만 꽃이 질 수밖에 없는 형세의 원인을 냉정하게 이해할 일이다.

먼저 이해하라. 이해한다는 말은 언더스탠드understand다. 언더스탠드 하기 위해서는 먼저 사람들의 언더under에 스탠드stand해야 한다. 사람들의 언더는 이 세상의 가장 낮은 곳이다. 가장 낮은 곳에서 죽을 듯이 살아가는 사람들의 처지에 선다면 서글퍼하기를 멈추고 냉정하게 이해해야 한다.

언더에 스탠드하는 일은 자신을 낮추고 비우는 일이다.

그러므로 먼저 자신의 언더에 스탠드할 일이다. 사람들에게 다가가 그들의 삶을 이해해야 한다. 하지만 먼저 사람들에게 가기 전에 자신의 무의식 아래에 깔려 있는 편견과 오만과 증오 등의 썩어빠진 엘리트 근성을 이해해야 하리라. 그것을 먼저 직시하지 않으면 안 된다.

맹호연에게는 봄을 시샘하는 비바람과 함께 덧없이 지고만 꽃의 허무함을 담담히 바라보는 모습이 담겨 있다. 인생을 달관한 태도가 엿보이기도 한다. 달관한다고 해서 봄은 오지 않는다. 어떻게 하든 이 모진 겨울을 넘기면 다시 봄이 오겠지라는 안이한 태도를 지니고도 봄은 오지 않는다.

희망은 기다림이다. 그러나 기다림은 넋 놓고 기다리는 무기력이 아니다. 그것은 냉정한 자기 이해와 현실 인식에서 솟아오르는 부득이함이다. 이 부득이함은 어찌할 수 없기에 할 수밖에 없는 힘과 의지로 충만하다. 이 힘과 의지 때문에 씨과실은 먹히지 않는다.

그래서 기다림은 오만하지 않고 겸손하게 씨앗을 땅에 일구는 일이다. 씨앗을 땅에 심기 위해서는 더렵혀진 땅을 새롭게 일구는 작업부터 시작하지 않으면 안 된다. 꽃이 졌다고 해서 서글퍼하는 일은 사치인지도 모른다.

왜 강태공은
미끼를 끼지 않고 낚시를 했을까?

유종원의 「강설」과 태兌괘

1

산이란 산, 새 한 마리 날지 않고 「山鳥飛絶

길이란 길, 사람 자취마저 끊겼는데 萬徑人蹤滅

외로운 배, 도롱이에 삿갓 쓴 늙은이 孤舟蓑笠翁

홀로 낚시질, 차디찬 강에 눈만 내리고 獨釣寒江雪

당나라 시인 유종원柳宗元의 「강설江雪」이다. 이 시의 정경
은 수많은 화가가 묘사했던 화제畫題다. 남송 시대 마원馬遠
의 「한강독조도寒江獨釣圖」뿐만 아니라 조선시대 최북崔北의
「한강조어도」도 있다.

「한강조어도寒江釣魚圖」, 최북, 종이에 엷은색, 25.8×38.8cm, 개인 소장

고전을 두루두루 꿰뚫으신 어른으로부터 당시唐詩를 배울 기회가 있었다. 기대를 한껏 했지만 어르신은 그저 간단한 언급만 하시고 수업을 진행하셨다. 어느 날 수업 중 당시의 백미라던 「강설」이 나왔을 때도 난 짐짓 딴청을 피우며 듣고 있었는데 어르신께서 이 시를 볼 때마다 복復괘가 떠오른다고 딱 한마디 하셨다. 순간 '엉?' 하고서 '왜?' 했다가 '아!' 했다.

　나는 자신의 섹스 경력을 자랑인 양 떠벌리는 사람이 느끼는 섹스의 쾌락을 신뢰하지 않는다. 포르노를, 아주 가끔 본다(오해는 하지 말자). 가만히 생각해본 일이 있다. 어떤 때 난 흥분했고 어떤 때 짜증을 냈던가.

　자연스러움이 답이었다. 현실감 있는 자연스러움. 위선적이지도 위악적이지도 않으면서 타인의 시선을 의식하지 않는 자연스러움이어야 했다. 그 자연스러움을 상대에게 요구하거나 강제하지도 않으면서도 서로 몰입되는 도취의 순간이다.

　타인의 시선을 전혀 의식하지 않고 있어야 한다. 시선을 의식하면서 쾌락의 쇼를 부리는 모습은 얼마나 짜증이 나는가. 시선을 의식하지 않은 채 오직 몰려오는 흥분에 도취한 몸의 모든 미세한 떨림을 느낄 때, 나는 그 리얼한 몰입에 함께 도취되는 합일을 잠깐 느끼고(오해는 하지 말자), '아!'

했다.

「강설」의 시에는 두 가지 시선이 있다. 늙은이의 시선과 나의 시선. 늙은이는 내 시선을 전혀 의식하지 않고 있다. 새 한 마리 날지 않는 산과 사람의 자취마저 끊긴 길을 배경으로 홀로 낚시질에 몰입하고 있다. 한겨울 한없이 내리는 눈 속 외로운 배 위에서 생명력 퍼덕거리는 물고기를 낚는 즐거움에 몰입해 있다.

보이지는 않지만 물속에는 물고기가 있다. 물고기는 중국 문화에서 상징적이다. 흔히 등용문登龍門과 관련하여 입신출세의 길로 이해한다. 하지만 물고기는 입신출세를 상징하기보다는 즐거움을 상징한다. 장자莊子는 '호숫가 다리 위의 물고기'가 즐겁게 노니는지 그렇지 않은지를 두고 혜시와 논박했다. 『중용』에서 "물고기는 연못에서 뛰논다魚躍于淵"는 구절이 보여주듯 생명의 '즐거움'을 상징한다.

모두 리얼한 자연스러움이다. 유종원의 시를 읽고 늙은이의 자연스런 몰입을 몰래 훔쳐보며 나도 모르게, 다시 말하건대 오해하지는 말자, 그 즐거움에 합일되는 순간, 아! 했다.

2

「강설」을 복괘와 함께 읽을 때 주목해야 할 것은 '즐거움'과 '낚시질'이다. 복괘는 자연스러움의 생명력을 상징한다. 복괘는 『주역』의 괘 가운데 여러 학자가 칭송하고 놀라워했던 것이다. 스물네 번째 복復☷☳괘는 지뢰복地雷復이라고 한다. 땅을 상징하는 곤坤☷괘가 위에 있고 우레를 상징하는 진震☳괘가 아래에 있기 때문이다. 땅 아래에서 우레가 치는 모습이다.

괘의 모습을 자세히 보면 가장 아래에 양陽—효가 솟아오르고 있고 나머지 다섯 효는 모두 음陰--효다. 음의 기운이 가득한 겨울의 땅속에서 생명력 가득한 양의 기운이 솟아오르는 모습이다.

양陽의 기운이 비로소 차가운 땅에서 올라오려는 순간을 상징한다. 생명이 막 소생하려는 때다. 생명력의 회복이 복괘다. 복괘는 동지冬至에 해당된다. 겨울이 끝나고 봄이 시작되려는 순간이다. 복괘에 달린 괘의 말은 이렇다.

회복은 형통하니, 나아가고 들어옴에 막힘이 없다. 친구가 와야 허물이 없다.

復. 亨. 出入無疾. 朋來無咎.

회복했다는 것은 기본적으로 음의 기운으로 가득한 겨울 속에서 따뜻한 생명력이 충만한 양의 기운을 회복했다는 말이다.

먼저 '나아가고 들어옴에 막힘이 없다'는 말은 일반적으로 생명의 힘이 소생하는 모습이라고 설명한다. 미약한 양의 기운이 자라나는 데에 해롭게 만드는 것이 없다는 의미다. 이 말은 개인적으로는 생명력을 회복한 것이고 정치적으로는 군자들의 세력이 회복되었다는 뜻이다.

'친구가 와야 허물이 없다'는 말은 동지들이 모여들어야 허물이 없다는 것이다. 생명력이 회복되었다면 세력을 모아서 더 큰 힘으로 성장해야 한다. 동지들과 함께 힘을 모아 연대해야 더 큰 세력으로 성장할 수 있다. 그래야 허물이 없다.

이 말을 동시에 이해하기 위해서는 '안연顏淵'과 '강태공姜太公'을 겹쳐 보아야 한다. 정이천은 복괘를 안연과 비교한다. 안연은 '안빈낙도安貧樂道'로 유명하다. 그는 도를 즐거워했다. 진정으로 도를 즐겼던 인물로 삶의 모든 순간을 도의 즐거움으로 채우기를 원했던 사람이다.

들뢰즈의 『스피노자의 철학』에 이런 구절이 나온다. "철학자에게서 검소함은 도덕적 목적이나 수단이 아니라 철학 그 자체의 '결과'다." 이 말을 패러디해보자. "철학자에게서 즐

거움은 도덕적 목적이나 수단이 아니라 철학함 그 자체의
결과다."

'안빈낙도'란 가난을 칭송하는 말이 아니다. 진정한 즐거
움을 말하는 것이다. '안빈낙도'를 외치며 자신의 가난함을
정당화하는 것은 위선이다. '낙도'하기 위하여 가난해야만
하는 것은 아니다. 가난은 '낙도'의 결과일 뿐 가난하다고 '낙
도'가 되는 것도 아니고 '낙도'하기 위해 가난해야만 하는 것
도 아니기 때문이다.

또한 '도'를 즐겼다고 스스로 의식하면 그것은 도를 즐긴
것이 아니다. 시선이 개입되지 않는 완전한 몰입이 아니기
때문이다. '낙도'하는 것을 스스로 의식하지 않는 몰입이어
야 한다. 제자가 정이천에게 안연의 즐거움을 물었을 때 정
이천은 "안연으로 하여금 도를 즐기게 한 것은 안연이 아니
다使顏子而樂道, 不爲顏子矣"라고 했다.

곱씹어볼 말이다. 안연은 도를 즐겨야 한다며 의지를 발
휘하지도 않았고 도를 즐기고 있다고 스스로 의식하지 않은
채 단지 몰입했을 뿐이다. 포르노에 나온 사람의 리얼한 자
연스러움과 동일하다. 시선을 의식하지 않는다.

그렇다면 안연은 단지 자신의 즐거움에만 몰입하는 자아
도취에 빠졌던 것일까. 나르시시즘적 도취는 즐거움의 회복

이 아니라 사회적 단절이다. 복괘에서 "친구가 와야 허물이 없다"고 하지 않았는가. 친구들이 오지 않는다면 그 즐거움엔 문제가 있는 것이다.

3

즐거움과 더불어 '낚시질'을 생각해야 한다. 지금 우리의 일상 언어에서 낚시질이란 말은 흔히 사용된다. 나도 인터넷에서 얄궂은 말에 낚시질을 당하곤 한다. 허탈하게 낚이는 것이다. 또한 남자가 여자를, 여자가 남자를 유혹할 때도 낚시질한다고 표현한다. 이 낚시질이란 말에는 분명 족보가 있다.

중국 문화에서 낚시질은 상당히 중요한 상징이다. 낚시질하면 떠오르는 인물은 단연 '강태공'이다. 강태공은 바로 주周나라 초기의 정치가로서 무왕武王을 도와 은나라를 멸망시켜 천하를 평정했던 태공망으로 잘 알려진 여상呂尙이다. 하루는 위수渭水에서 낚시질을 하고 있는데 인재를 찾던 주나라 문왕이 그를 보고 재상으로 등용했다는 전설이 있다. 그는 무엇을 낚고 있었을까? 군주의 마음을 낚시질했던 것이다.

『귀곡자』에는 재미난 표현이 있다. 『귀곡자』는 유세술遊說術과 모략에 관한 책인데 군주에게 유세하는 방식을 설명하고 있다. 귀곡자는 상징과 비유를 통해 상대방의 속내와 의도를 떠보는 방식을 '사람을 낚는 것'으로 설명하고 있다. 지금 우리도 상대방의 마음을 떠보는 행위를 낚시질로 말하지 않는가.

유세란 그리스 시대의 수사학과 비슷하다. 상대를 설득하는 것이다. 귀곡자는 "유세는 상대를 설득하는 것이지만 상대를 기쁘게 해야 한다說者. 說之也"고 말한다. '유세說'는 '설說명'하고 '설說득'하여 상대가 기뻐 '열悅광'하게 해야 한다. 설說이라는 한자에는 유세, 설명, 설득, 기쁨의 뜻이 들어 있다. 주목해보자. 공통되게 들어간 한자가 있다. 바로 태兌라는 글자다.

『주역』에 태兌괘가 있다. 쉰여덟 번째 태兌☱☱괘는 중택태重澤兌라고 한다. 연못을 상징하는 태兌☱괘가 중첩되었기 때문이다. 연못의 상징은 물이 만물을 윤택하게 해서 기쁘게 한다는 의미를 가진다.

『주역』「설괘전」에서는 이 태괘가 입口을 상징한다고 되어 있는데 입이란 말재주다. 물이 만물을 윤택하게 하듯 말로 사람들을 기쁘게 한다는 뜻일 것이다. 유세를 통해서 상대

를 감동시켜 설득한다는 말이다. 남자가 여자를, 여자가 남
자를 낚을 때면 '뼈꾸기', 즉 '말발'이 전부는 아니지만, 필요
하기도 하다.

그러나 말로 사람을 기쁘게 하려다가는 아첨과 기만에 빠
지기 쉽다. 말이란 것은 진정성이 없다면 허울일 뿐이다. 그
안에 진정한 뜻이 있어야 한다. 그래서 태괘의 「단전象傳」에서
"속으로는 강직한 뜻을 가지고서 겉으로는 부드럽게 상대를
기쁘게 한다剛中而柔外"고 말한다. 정이천은 "마음을 감동시켜
서 기쁘게 설복하도록 만든다"고 설명하는데 왕필의 주석이
재미있다.

　상대를 기쁘게만 하고 자신의 강직한 뜻을 어긴다면 아
　첨이고, 강직한 뜻만 지키려다가 상대를 감동시키지 못
　한다면 폭력이다.
　說而違剛則諂, 剛而違說則暴.

상대의 기분만 맞춰 아첨하다가는 자신의 뜻을 잃고 자기
뜻만 상대에게 강제하는 폭력은 상대가 저항하도록 만들어
설득시키기 어렵게 한다. 아첨하지도 않고 폭력적이지도 않
게 상대를 설득하는 유세의 방식은 무엇일까.

강태공은 미끼를 쓰지 않고 곧은 바늘로 낚시를 했다고 한다. 세월을 낚기 위해서였을까? 곧은 낚시 바늘엔 미끼를 낄 수 없다. 미끼란 무엇일까. 낚아보려는 의도를 가지고 상대를 유혹하려는 속임의 수단이다. 미끼를 던진다는 것은 물고기를 속여서 미끼를 물게 만드는 것이다. 지금 일상 언어에서도 미끼를 던진다는 말은 사기 치기 위한 술수를 뜻한다.

사람의 마음을 낚시질하되 미끼를 던져 사기 치지 말라는 것이다. 강태공도 낚시질을 하지 않은 것은 아니다. 단지 미끼를 쓰지 않고 곧은 바늘로 낚시하며 사람의 마음을 낚으려고 했을 뿐이다. 매력으로 유혹하려고 했다. 강태공은『육도六韜』라는 병법서를 쓴 유세가였고 전략가였다.

낚시질로 미끼를 던져 사기 치는 일로 타인과 관계하는 것은 피곤한 일이다. 솔직하게 사랑한다고 말하는 것이 좋다. 그러나 돈과 권력을 다투는 영역에서는 낚시질이 필수다. 그러니 미끼를 조심하라.

4
다시 「강설」의 장면을 복괘와 함께 생각해보자. 한겨울

새조차 없는 산속 강가 차디찬 얼음 위에서 늙은이는 생명력이 넘쳐 파닥거리는 물고기를 낚으려 한다. 안연처럼 그 즐거움에 몰입되어 있으면서도 강태공처럼 미끼를 던져 사기치지 않고 미끼 없이 사람의 마음을 낚으려 기다리고 있다.

세월을 낚는다는 말은 곧 때를 기다린다는 뜻이기도 하다. 안연과 같은 '낙도樂道'가 강태공의 낚시질처럼 타인에게 영향을 미쳐 낚이게 한다. 몰입의 즐거움이 타인에게 영향을 미쳐 변화를 가져온다.

다시 한번 들뢰즈의 말을 패러디해보자. "철학자에게서 타인의 변화는 도덕적 목적이나 수단이 아니라 철학함 그 자체의 결과다." 혹은 "철학자에게서 사회의 변혁은 도덕적 목적이나 수단이 아니라 철학함 그 자체의 결과다".

상대를 설득하여 변화시키려면 자신이 어떤 시선도 의식하지 않고 진짜 즐거워서 즐겁다는 것조차 의식하지 않는 상태로 몰입해야 한다. 유세를 통해서 상대를 감동시키는 일은 자신의 즐거움이 발휘하는 감동의 효과다.

즐거워야 한다. 부러워하면 지는 거다. 그러나 입으로 부러워하면 지는 거다, 라고 말하며 어금니 꽉 깨무는 순간, 지고 만 것이다. 그것은 이미 부러워함을 스스로 인지했다는 증거이므로.

즐거운 사람은 말하지 않는다. 공자는 "하늘이 무슨 말을 하던가. 그런데도 사계절은 운행되고 만물은 생겨난다"고 하면서 "나는 말을 하지 않으려 한다"고 했다. 정말 침묵을 지키겠다는 뜻이었을까. 왜 말을 하지 않으려 했을까. 하늘은 말이 없이도 영향력을 미치고 만물을 복종시킨다. 말없음의 말의 효과다.

성인聖人은 말이 없다. 타인에게 말하려고 한다는 것은 인정과 복종을 구하는 것이다. 성인은 자신의 즐거움을 타인에게 자랑하지 않으며 강제하지도 않는다. 그러나 그 말없음의 즐거움이 상대를 감동시켜 변화를 일으킨다.

결국 성인이란 무엇인가? 아무도 알아주지 않는 쾌락에 도취된 사람, 이 우주 한가운데 오직 자신만이 홀로 서서 쾌락에 흠뻑 취하는 사람, 타인의 시선을 의식하지 않은 채 스스로의 욕망을 충족하는 '변태變態'인지도 모른다. 그러나 그 쾌락에의 도취는 주변 사람들을 유혹하고 전염시켜 열광을 불러일으킬 때 완성된다. "친구들이 모여들어야 한다."

타인에게 말하지도 않고 즐거움을 전염시켜야만 하는 모순, 유혹하려 하지 않고 유혹해야 하는 모순을 실천해야만 하는 사람, 이것이 성인의 위대한 기상이다. 그러나 유혹하지 않는 '척'하면서 유혹한다면? 사기꾼일까? 오해하지는 말자, 그러나 문제는? 전략 없음의 정치 전략이다. 전략이 없는 것처럼 보이면서 전략적 효과를 내는 이중 전략이다.

왜 미앙궁 위에
둥근달은 높이 떴는가?

왕창령의 「춘궁곡」과 명이明夷괘

1
어젯밤 바람에 우물가 복사꽃 피고 昨夜風開露井桃
미앙궁 위 둥근달은 높기만 하네 未央前殿月輪高
평양 애첩 춤과 노래로 새로운 총애 받고 平陽歌舞新承寵
주렴 밖 봄기운 차갑기만 한데 비단옷 하사하시는구나
簾外春寒賜錦袍

당나라 시인 왕창령王昌齡의 「춘궁곡春宮曲」이다. 이 시를
궁녀들의 마음을 노래한 궁사宮詞나 사랑하는 이에게 이별
을 당한 여자의 원한을 노래한 규원閨怨으로 흔히들 해석하

는데, 나는 그렇게 보지 않는다.

왕창령은 어떤 인물인가. 일찍이 진사에 급제한 뒤 벼슬 길에 올랐지만 소행이 좋지 못하다 하여 좌천되었던 사람이다. 그러나 실은 조정의 거짓과 허위에 적응하지 못하고 직언했다가 주변 사람들로부터 왕따 당한 것이다. 그는 안녹산安祿山의 난으로 고향으로 돌아가 은둔했다가 그에게 앙심을 품은 자사刺史인 여구효閭丘曉에게 피살당했다고 한다.

이 시에서 주목할 단어는 마지막 구절 '차갑다'의 '한寒'이라고 생각한다. 자신을 사랑하지 않는 남자에 대한 원한과 더불어 춤과 노래로 왕의 총애를 받고 비단옷까지 하사받는 애첩에 대한 질투가 묻어 있는 서늘한 한기다.

그러나 이것이 단지 궁궐 내 궁녀들의 심리만을 표현했을까. 궁궐 내부의 최고의 남자란 누구인가. 왕이다. 그를 둘러싸고 총애를 얻으려 애쓰는 여인네들은 누구인가. 신하와 사대부들이다.

미앙궁 위 높이 떠 있던 달은 누구를 상징할까. 군주가 양陽이라면 신하는 음陰이 아니겠는가. 양은 해요 음은 달이다. 해가 사라진 어둠 속에 높이 떠 있는 달이란 지조 높은 신하를 말한다. 내가 하고 싶은 이야기는 바로 궁궐 안 최고 지위의 남자와 그를 향한 여자들의 '애증愛憎 게임'에 관한 것이다.

먼저 『주역』에 나오는 한 구절을 소개한다. 네 번째 괘인
몽蒙괘에 나오는 말이다.

> 내가 어린아이의 어리석음을 찾아가는 것이 아니다. 어
> 린아이의 어리석음이 나를 찾아오는 것이다.
> 匪我求童蒙, 童蒙求我.

어린아이가 자신의 어리석음을 깨우치려고 스승을 찾아
가야 하는 것이지 스승이 어린이에게 먼저 찾아가 가르침을
강제할 수는 없다. 정이천은 이 구절을 어리석은 군주가 예
의와 공경을 다해 현명한 신하를 찾아오는 모습으로 해석한
다. 신하의 오만함 때문에 그런 것이 아니다.

애첩을 거느리고 춤과 노래에 빠져 있는 어리석은 군주는
원망할 필요도 없고 그에게 사랑을 구걸할 필요도 없다. 아
쉬움 없이 뒤돌아서는 것이 좋다. 왜 그런가. 천하를 다스리
는 일을 함께 할 군주가 도道를 진정으로 즐길 수 없다면 더
불어 정치를 할 수 없기 때문이다. 궁합이 맞지 않는 것이다.

'애증 게임'의 첫 번째 원칙은? 사랑을 구걸하는 것이 아
니다. 구걸하지 않는다고 해서 냉정하게 외면하는 서늘한

냉대를 말하는 것은 아니다. 소중한 사랑을 원치 않는 사람에게 비굴하게 다가가서 사랑해달라고 애원한다 하여 사랑이 이루어지는 것은 아니다.

이렇게 『주역』의 괘들은 음과 양의 세력들이 길항하는 권력의 장을 상징한다. '애증 게임'이 벌어지는 무대다. 무대의 배경은 조야朝野로 이루어진다. 조朝는 권력의 중심인 조정朝廷이고 야野는 권력의 변방인 광야廣野다. 군주와 신하 그리고 광야를 떠도는 사대부와 그들과 함께하는 백성이 등장인물이다.

그 속에서 사랑과 증오, 배신과 협력, 이별과 연대, 출사와 은둔 등 인간사의 드라마가 펼쳐진다. 그 드라마 속의 인물들은 온갖 갈등과 고뇌 그리고 희로애락 속에서 결단하고 행한다. 거기에 그들의 길흉吉凶과 운명이 있다.

2

왕창령의 시에 나타난 정경을 다시 그려보자. 미앙궁을 중심으로 어둠이 짙게 깔려 있다. 해는 산 아래로 넘어가고 달만이 높이 떠 어둠을 밝히려 안간힘을 쓰고 있다. 양은 해이고 음은 달이다. 해는 군주를 상징하고 달은 신하를 상징한다.

신하가 어둠의 시대에 홀로 빛을 내며 세상을 밝히려 한다. 세상을 비추는 일은 해가 하는 것인데 달이 하고 있으니 위태로운 상황이다. 어쩌면 왕창령은 소인들의 세력이 왕 주변에 몰려들어 총애를 받고 있는 세상을 한탄하고 있었는지도 모른다.

이런 정경을 보면 『주역』의 서른여섯 번째 명이明夷☷☲괘가 떠오른다. 지화명이地火明夷라고 한다. 땅을 상징하는 곤坤☷괘가 위에 있고 불을 상징하는 이離☲괘가 아래에 있는 괘이기 때문이다.

여기서 불이란 태양을 의미하며 곤은 땅을 상징한다. 태양이 땅 아래 있으니 어둠이다. 현명한 군주가 사라진 어둠의 시대다. 명이괘에 달린 괘의 말은 간단하다. "이간정利艱貞"이다. 해석하자면 "어려움을 알아 올바름을 굳게 지키는 것이 이롭다"는 말이다.

정이천은 이를 다음과 같이 해석한다. 애정 게임의 첫 번째 원칙. 어리석은 남자에게 먼저 사랑을 구걸하지 말라. 그렇다고 냉소하거나 부정하지도 말라. 두 번째 원칙, 현실을 외면하지 말고 직시하라. 그 상황의 어려움을 알아야만 정치적 신념에 대한 '사랑'을 지킬 수 있다.

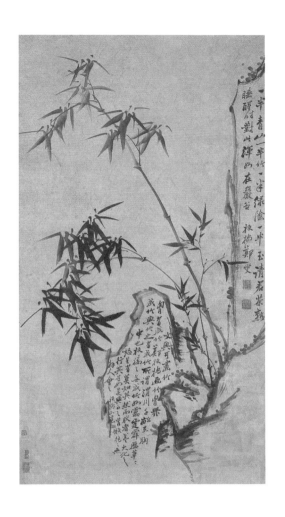

청나라 때 양주팔괴의 하나로 묵죽도의 대가로 불린 정판교의 「죽竹」

자신의 귀중한 사랑을 지키는 일은 냉소도 부정도 무모한 저항도 아니다. 현실의 맥락을 먼저 직시해야 한다. 그런 어려운 상황에 이를 수밖에 없었던 원인을 냉정하게 파악하는 태도를 견지할 때라야 다른 여자들의 공격으로부터 사랑을 '수비'할 수 있고, 사랑을 실현할 잠재적 가능성을 '창조'할 수 있다.

어떻게 수비할까. 괘의 모양에 그에 대한 암시가 있다. 명이괘를 구성하는 곤坤☷괘란 부드러움과 유연함을 상징하며 동시에 이치에 따라 행하는 태도를 상징한다. 유순柔順한 태도다. 이離☲괘란 태양과 같은 밝음을 상징하여 문양文에 대한 밝음明을 나타낸다. 문명文明한 태도다.

부드러운 여유가 좋다. 까칠하고 강직한 태도는 예상치 못한 저항과 반감을 불러일으킨다. 문양에 밝다는 것은 현실적인 판세의 지형도에 대해서 잘 안다는 것이다. 이미 드러난 세력의 흐름에 무모하게 거역하지 말고 순리대로 따르라는 것이다.

이런 순종은 굴종이 아니며 타협도 아니고 기회주의적 태도도 아니다. 정치적 신념을 견지하되, 그런 세력이 형성될 수밖에 없었던 원인과 무모하게 저항할 때 가져올 수 있는 예상치 못한 결과들을 신중하게 고려하며 준비하라는 말이다.

그러므로 핵심은 "그 밝음을 어둡게 감추라晦其明"는 태도다. 감추라고 번역한 '회晦'는 그믐밤을 의미하기도 한다. 총명함을 감추라는 말이다. 자신의 총명한 지혜를 과도하게 드러내면 위태로울 수 있다. 달이 너무 높이 떠올라 밝게 빛나서는 안 된다는 뜻이기도 하다. 신하인 달이 보름달이 되어 과도하게 빛나면 군주의 권한을 넘어서는 오만으로 오해받을 수 있다.

그러나 정이천은 이 구절을 단지 자신의 안위를 지키라는 의미로 해석하지 않는다. 밝은 빛은 모든 것을 비춰서 명명백백하게 드러낸다. 물론 모든 것을 명명백백히 따지고 물어야 할 때가 있다.

하지만 지금은 아니다. 어둠이 장악한 때에 과도하게 고집을 부린다면 오히려 각박해진다. 각박해지면 스스로도 분노와 질시를 감당할 수 없어 포용력과 관용이 부족해진다. 게다가 사람들을 불안하게 만들고 의심과 거부를 불러일으킬 수도 있다.

자신의 지혜로운 밝은 빛이 오히려 반감을 일으켜 잘못된 결과를 초래할 수 있다. 정이천은 아무리 좋은 행위일지라도 그것이 가져올 정치적인 결과들에 주목하고 있다. 왕창령은 왜 죽임을 당했을까. 과도하게 총명함을 드러냈기 때문이 아닐까.

명이괘가 말하는 것은 '서늘한 한기'의 냉담이 아니다. 부드러운 여유를 지니되 명확한 현실 인식을 견지한 냉정함이다. 냉정함을 유지하면서도 어리석게 보여야 한다.

3

중국인들이 가장 좋아하는 처세가 있다. '난득호도難得糊塗(난더후투)'다. '어리숙하게 보이는 게 어렵다'는 뜻이다. 원래는 '총명난 호도경난聰明難, 糊塗更難'이라는 말이다. '총명해 보이기는 어렵지만 어리숙해 보이기는 더 어렵다'는 의미다.

아는 것을 쉽게 드러내지 않을 뿐 아니라 타인의 잘못까지 품어줄 수 있는 여유이기도 하다. '난득호도'는 알면서도 모르는 체하는 생활 태도다. 물론 이 같은 처세에는 부정적인 측면이 있다. 교활한 태도이기도 하며 현실 도피적인 태도이기도 하다.

명이괘에서 말하는 "밝음을 어둡게 감추라"는 것은 교활하거나 도피적인 태도가 아니다. 혼란한 시대에 자신의 총명함을 드러내는 일은 오히려 역효과를 가져올 수 있다는 정치적 판단이 깔려 있다. 『채근담』에는 이런 말이 있다.

> 열 마디 말 중 아홉 마디가 맞을지라도 반드시 신기하다고 칭찬하지 않는다. 그러면서 단 한마디라도 맞지 않으면 비난의 목소리가 사방에 가득 찬다. 열 가지 계획 중 아홉 가지가 이루어져도 그에게 공을 돌리려 하지 않는다. 그러면서 한 가지라도 실패하면 비난하는 목소리가 사방에 가득 찬다. 군자가 차라리 침묵할지언정 떠들지 않으며, 모르는 척할지언정 아는 체하지 않는 것은 그 때문이다.
>
> 十語九中, 未必稱奇, 一語不中, 卽愆尤騈集. 十謀九成, 未必歸功, 一謀不成, 卽訾議叢興. 君子所以寧默, 毋躁, 寧拙, 毋巧.

아는 체하는 정교함巧보다는 모르는 척하는 서투름拙이 오히려 현명한 경우도 많다. '대교약졸大巧若拙'이라는 노자의 말도 이런 맥락에서 이해될 수 있다. 위대한 정교함은 서투름과 같다. 마찬가지다. '대지약우大智若愚'이기도 하다. 위대한 지혜는 어리석음과 같다.

청나라 때 정판교鄭板橋라는 사람이 있었다. 이름이 정섭

정판교의 글씨 「난득호도」

鄭燮이고 자가 극유克柔이며 판교는 호다. 뛰어난 문학가이자 서화가로 시·서·화에 모두 능했다. 양주팔괴楊州八怪, 즉 양주에서 활약한 8명의 화가 중 한 사람이다. 이들은 독창적이고 개성적인 기법으로 유명하다.

그는 지방 관리로 있을 때 기근에서 백성을 구하려다 상관과 충돌한 뒤 면직당해 병을 핑계로 고향에 돌아와 여생을 마쳤다. 강직하여 불의에 굽히지 않는 그의 성품은 그가 자주 그린 대나무를 닮았다. 대나무 같은 그의 절개와 고매함은 사람들의 사랑을 받았다.

그런 그가 쓴 '난득호도'라는 글씨는 유명하다. 중국인들의 집에서 흔히 볼 수 있을 만큼 유명하다. '난득호도'라는 글씨 아래에 다음과 같은 부제가 달려 있다.

총명하기도 어렵고 어리석기도 어렵지만 총명함에서 어리석음으로 나아가기는 더욱 어렵다. 내버려두고 한 걸음 물러서면 곧 마음이 편안해지나니, 이는 뒤에 복이 오기를 바라는 것이 아니다.

聰明難, 糊塗難, 由聰明而轉入糊塗更難. 放一着, 退一步, 當下心安, 非圖後成福報也.

지혜로우나 어수룩한 척하고, 기교가 뛰어나나 서툰 척하고, 언변이 뛰어나나 어눌한 척하고, 강하나 부드러운 척하는 것은 교활한 태도가 아니다. 정판교에 따르면 훗날 복을 얻으려는 어떤 은밀한 목적의식은 없기 때문이다. 물론 현실 도피적 태도도 아니다.

물론 이렇게 척하는 태도는 가증스런 위장술처럼 보일 수 있다. 그렇다고 자신의 감정을 모두 드러내는 것도 권장할 만하진 않다. 한편 자신을 꾸미고 잘난 체하며 똑똑한 체하는 태도는 반감을 일으킨다.

모든 일에 사사건건 자신이 똑똑한 척하면서 타인의 흠집을 찾아내며 꼬치꼬치 따지는 태도는 현명한 게 아니라 피곤한 일이다. 원한도 살 수 있다. 싸가지 없다고 욕을 먹기도 한다. 오히려 조금은 서투르거나 어리석은 듯한 태도로 알면서도 모르는 척하는 것이 사람들에게 부담을 주지 않는다.

명이괘에서는 한 걸음 물러나 좀 더 부드럽고 너그러운 마음가짐으로 타인의 말에 주의를 기울이며 경청하는 태도를 말하고 있다. 이러한 태도가 오히려 각박하지 않게 사람들과 어울릴 수 있게 한다. 또한 이러한 태도로 세상을 바라보고 사람들을 대하는 것이 더욱 아름답고 따뜻하지 않을까?

왜 남산을
무심히 바라봤을까?

도연명의 「음주」와 비춰꽤

1

마을 변두리에 오두막 지었으나 結廬在人境

수레와 말의 시끄러운 소리 들리지 않네 而無車馬喧

어떻게 이럴 수 있는가 묻지만 問君何能爾

마음이 멀어지니 저절로 사는 곳도 외지더군 心遠地自偏

동쪽 울타리 아래서 국화꽃 따다가 採菊東籬下

무심히 남산을 바라보네 悠然見南山

산기운 저녁노을에 더욱 아름답고 山氣日夕佳

나는 새들 짝지어 돌아오네 飛鳥相與還

이 속에 참다운 뜻이 있으니 此間有眞意

말하려다가 할 말을 잊었네 欲辨已忘言

도연명陶淵明의 '술을 마시며'라는 「음주飲酒」 연작시 20수 가운데 제5수다. 이 시처럼 인구에 회자된 시도는 없다. 특히 '동쪽 울타리 아래서 국화꽃 따다가 무심히 남산을 바라본다'는 구절은 많은 사대부가 의미를 다양하게 해석했던 구절이다.

도연명은 동진東晉 말기에 태어나 남조南朝의 송宋나라 초기에 살았던 시인이다. 이름이 잠潛이며 자는 연명淵明 또는 원량元亮이다. 집 주변에 버드나무 다섯 그루가 있다 해서 오류五柳를 호로 삼았다고도 한다. 중국의 가장 위대한 전원 시인이며 은일자다.

귀족으로 태어났으나 집안이 가난해 가족을 부양하고자 몇 차례 벼슬길에 올랐지만 "내 어찌 쌀 다섯 말 때문에 허세 부리는 미관말직 소인배들에게 허리를 굽힐 수 있으랴" 하고 전원으로 돌아와 몸소 농사를 지으며 살았던 강직한 사람이다.

말년에 정계의 거물이었던 강주자사 단도제檀道濟가 출사를 요청했지만 "내 성격은 너무도 강직하고, 재주는 미천하다"면서 거절했다. 강직한 남성성과 은일자적하는 여성성을 겸비한 품격은 인생의 향취를 즐기면서 절제할 줄 아는 고상함이다.

혼탁한 세상을 등지고도 고상한 기풍을 잃지 않은 도연명의 삶은 많은 은사의 모범이었다. 이 시는 은사들이 자신의 집 울타리를 '동리東籬'라 칭할 정도로 영향력을 끼쳤다. 또한 많은 화가는 이 시를 화제로 삼아 속세를 피해 사는 고상한 선비들을 상징화했다.

진경산수화의 대가로 알려진 정선鄭歉의 「동리채국도東籬採菊圖」와 「유연견남산悠然見南山」이라는 그림이 있다. 선면화扇面畫라고 해서 부채에 그린 그림이다. 두 그림은 차이가 있다. 산을 바라보는 모습이 다르다.

「동리채국도」는 국화를 따다가 문득 고개를 돌려 남산을 바라보는 모습인 데 반해, 「유연견남산」은 언덕 위에서 눈앞의 남산을 멍하니 바라보는 모습이다. 한쪽은 그저 아름다운 남산을 바라보는 모습에 초점을 두었고 다른 한쪽은 국화를 따다가 고개를 돌리는 모습에 초점을 두었다. 차이가 있을까?

어떤 판본에는 '바라본다'는 견見자가 망望자로 되어 있다고 한다. 이 '망'자가 시의 맛을 해친다고 보는 학자도 있다. 망에는 의도를 가지고 바라본다는 의미가 있다. 흔히 망본

정선의 「동리채국도」와 「유연견남산」

다는 뜻이다. 보려고 의식하고서 보는 것이다. '견'이라는 글
자는 보려는 의지나 의도 없이 그저 우연히 대상이 눈에 들
어와 보인 것이다.

고개를 돌렸다는 것은 어떤 의식이 개입된 의지적 행위일
수 있다. 반면 그저 멍하니 눈앞의 산을 바라보는 것은 어떤
의도와 의지가 개입되지 않은 무심한 행위다. 그래서 유연悠
然이라는 말의 함의는 매우 미묘하다. 보려고 해서 본 것일
까 아니면 보려고 하지 않았는데 보였을까? 나는 '무심히'라
고 번역했지만 완전하게 뜻을 담아내지는 못한다.

소동파는 "국화를 따다가 우연히 산을 바라본 것은 애초
에 의도하지 않았으나 경치와 그의 뜻이 맞아떨어진 것이니
기뻐할 만한 것이었다採菊之次, 偶然見山, 初不用意而景與意會,
故可喜也"고 평했다.

정확한 평가이지만 도연명의 뜻이 무엇인지 모호하다. 과
연 도연명은 남산을 보려고 해서 봤을까, 아니면 보려고 하
지 않았는데 보였던 것일까?

2

세속을 떠나 은둔하는 삶은 단지 도가적 은일자만의 태

도는 아니다. "궁해지면 홀로 몸을 수양하여 아름답게 만들고 영달하면 천하 사람들과 천하를 아름답게 만든다窮則獨善其身, 達則兼善天下"는 맹자의 말도 세상이 혼탁할 때 세상을 떠나 고독한 은둔에 처한다는 뜻이다.

이 고독한 은둔은 세상에 대한 혐오와 오만이 아니다. 실패와 궁핍을 겪어본 사람들이 스스로를 추스르는 재기의 과정이기도 하다. 은둔하여 자신의 뜻을 아름답게 만들려는 것은 영달하여 천하를 아름답게 하려는 방편이고, 천하를 아름답게 하려는 것은 자신이 추구하는 뜻을 세상에 행하려는 의지다. 맹자에게서 은거는 세상에 나아가기 위한 물러섬이다.

『주역』의 열여덟 번째 괘는 고蠱☶☴괘다. 산풍고山風蠱라고 한다. 산을 상징하는 간艮☶괘가 위에 있고 바람을 상징하는 손巽☴괘가 아래에 있기 때문이다. 바람이 산 주위를 휘돌아가므로 산속의 만물이 요란하게 흔들리는 모습이다.

만물이 요란하게 흔들리는 것은 혼란해진 세상을 말한다. 고蠱란 그릇皿에 벌레蟲가 많이 있는 모습으로 부패한 세상을 상징한다. 고괘는 부패한 세상을 개혁하는 의미를 담고 있다. 고괘의 마지막 여섯 번째 효의 말은 이렇다.

상구효는 왕후의 일을 섬기지 않으면서도 자신의 뜻을 고결하게 숭상한다.

上九, 不事王候, 高尙其事.

여기에 '고상高尙'이라는 표현이 나온다. 부패한 세상에서 이해관계에 얽매이는 사람도 없이 권력 바깥으로 나온 이를 상징한다. 강직하고 현명한 재능을 가졌지만 때를 만나지 못해 고결하게 자신의 뜻을 지키는 사람들에 관한 이야기다.

정이천은 이런 인물로 이윤伊尹과 태공망 여상뿐 아니라 증자曾子와 자사子思까지 들고 있다. 자신의 뜻을 굽히면서까지 세속의 시류를 따르지 않고 지조를 지키며 은둔했던 이들이다.

정이천은 고결하게 자존감을 지키는 고상한 사람들을 네 가지로 분류한다. 첫째, 가슴속에 도와 덕을 품고 때를 만나지 못하여 고결하게 스스로를 지키는 자다. 때를 만나지 못했기 때문에 은둔하므로 때를 만나면 자신의 도와 덕을 천하에 펼치려는 뜻을 가진 사람이다.

둘째, 할 능력이 있지만 '멈추고 만족하는 도止足之道'를 알아서 물러나 스스로 보존하는 사람이다. 천하를 경륜할

능력은 있는데 무엇에 대해서 만족한다는 뜻일까? 『노자』에
는 이런 말이 있다.

> 족함을 알아야 욕됨이 없고 멈출 줄 알아야 위태롭지
> 않으니 이렇게 해야만 길고 오래갈 수 있다.
> 知足不辱, 知止不殆, 可以長久.

만족하지 못하고 욕심을 부리다가 치욕을 당할 뿐 아니라
목숨을 잃을 수도 있다. 욕심 부리지 않고 멈출 줄 아는 사
람은 위험을 자초하지 않는다. 장량張良과 같은 사람은 유
방을 도와 천하를 통일했지만 자신의 공로를 주장하며 욕심
부리지 않고 물러났기 때문에 죽음을 면할 수 있다. 자신을
보존했던 것이다.

셋째, 자신의 능력을 헤아리고 분수를 알아서 타인이 자
신을 알아줄 것을 구하지 않는 사람이다. 스스로가 정치할
만한 능력이 되지 않는다는 것을 알기 때문에 함부로 욕심
내어 나서지 않고 물러나 자신의 삶을 묵묵히 살아간다.

넷째, 맑은 절개를 스스로 지켜서 천하의 일을 달갑게 여
기지 않고, 홀로 그 몸을 깨끗하게 지키는 사람이다. 이런
부류는 까다로운 자들이다. 세상의 더러움에 대한 혐오가

있다. 홀로 고결함을 지킨다. 즉 백이伯夷와 같은 사람이다.

도연명은 어디에 속할까? 세 번째 유형에 속한다고 볼 수 있을까? 자신의 성격이 너무 강직하고 재주는 미천하다며 관직을 거부했던 적도 있다. 단지 세속에 대한 혐오 때문에 은둔해서 세상에 대해 무관심한 채 살아가는 유유자적한 은둔자는 아니었다.

3

'종남첩경終南捷徑'이란 말이 있다. 성공에 이르는 지름길이라는 뜻이다. 종남終南이란 왕유가 은둔했던 종남산을 말한다. 그런데 왜 종남산에 은둔하는 것이 성공의 지름길이라는 의미가 되었을까?

당나라 말기에 세상과 거리를 둔 은둔자들을 고상한 선비로 여기는 풍조가 있었다. 조정에서는 이런 사람들을 관리로 초빙하기도 했다. 이런 풍조 때문에 사람들은 출세를 위해 오히려 은둔의 방법을 쓰기도 했다.

당나라 현종 때 노장용盧藏用이란 사람은 진사시험에 급제한 뒤에도 쉽게 임용되지 않아 초조한 나날을 보냈다. 그는 꾀를 냈다. 종남산으로 들어가 은거했던 것이다. 그러자

학문과 자기 수양에 매진하여 세속의 영달에 무관심하다는 명성이 조정에 알려져 벼슬길로 나갔다.

그 무렵 사마승정司馬承禎은 산속에 은거하고 있다가 조정의 초빙을 거절했다. 진실로 벼슬에 뜻이 없었기 때문이다. 노장용이 종남산을 가리키며 이곳도 아주 좋은 곳이라고 말했다. 그때 사마승정이 노장용에게 이렇게 말했다. "내가 보기에 종남산은 단지 관리가 되는 지름길일 뿐이오以僕觀之, 乃仕宦之捷徑."

도연명은 이렇게 위선적인 은둔자는 아니었다. 그렇다고 세속의 일을 하찮다며 혐오했던 까다로운 은둔자도 아니었다. 그는 세속을 벗어나 산속에 은둔하지 않았다. 사람들이 사는 마을 변두리에 오두막을 지어 은둔했다.

시장 바닥에 은둔하는 것이 위대하며 산림에 숨어 사는 것은 하찮은 은둔이란 말이 있다. 시은市隱이 더 위대한 은둔이다. 도연명이 산속 깊은 곳이 아니라 마을 변두리 사람들이 사는 곳에 오두막을 지은 것은 의미심장하다.

그렇게 사람들이 사는 곳에 은둔했는데도 번잡한 세속의 소리가 들리지 않는 이유는 무엇일까? "마음이 멀어지니 저절로 사는 곳도 외지더라"라는 말은 산속 깊은 곳에 숨어 산다는 것을 의미하지 않는다. 공간적인 거리를 말하는 것이 아니다. 가치의 거리다.

세속적 가치들에 대한 달관達觀을 체득했기 때문에 마음이 멀어진 것이다. 그래서 세속에 살면서도 세속의 가치들에 휘둘리지 않으므로 저절로 사는 곳이 외진 듯 마음이 멀어진 것일 뿐이다. 사는 곳이 외지게 된 것은 사람들과의 관계가 끊겼다는 말이 아니다. 세속적 욕망을 초월한 달관의 자세다. 그러나 이렇게 달관한 도연명은 왜 무심히 남산을 바라봤을까?

4

부패한 세상이라면 은둔할 수밖에 없지만 그것이 최선은 아니다. 『주역』의 열두 번째 괘는 비否☰괘다. 천지비天地否라고 읽는다. 하늘을 상징하는 건乾☰괘가 위에 있고 땅을 상징하는 곤坤☷괘가 아래에 있기 때문이다.

하늘은 양이고 불을 상징한다. 땅은 음이고 물을 상징한다. 불은 위로 타오르려 하고 물은 아래로 내려가려 한다. 음과 양이 서로 감응하여 교류하지 않고 어긋나 제 갈 길을 간다. 음양이 만나서 조화하면 통하고 만나지 못하면 단절되어 정체된다. 꽉 막힌 세상이다. 비괘의 첫 번째 효의 말은 이렇다.

초육효는 띠 뿌리가 함께 뽑히는 모습이다. 동지와 함께하여 올바름을 지키니, 길하고 형통하다.
初六, 拔茅茹, 以其彙貞, 吉亨.

꽉 막힌 세상에서는 뜻을 함께하는 사람들과 연대해서 행동하는 것이 좋다. 권력에서 멀어져 막힐지라도 올바른 뜻을 지킨다면 길하다. 도연명도 부패한 권력과 허세를 부리는 소인배들을 피해 은둔한 강직한 사람이다.
그러나 주목할 점은 왜 길하고 형통한지에 대한 이유를 설명해주는 「상전」의 말이다.

띠 뿌리가 함께 뽑히는 모습으로 올바름을 지키면 길한 것은 그 뜻이 군주에게 있기 때문이다.
拔茅貞吉, 志在君也.

마지막 말에 주목하자. "그 뜻이 군주에게 있기 때문이다." 다시 묻자. 도연명은 왜 무심히 남산을 바라봤을까? 소동파는 애초에 의도하지 않았지만 경치가 그의 뜻과 맞아떨어졌다고 했다. 그러나 그의 뜻이 무엇인지 구체적으로 밝히진 못했다.

나는 도연명이 의도치 않게 무심히 남산을 볼 때 그의 무의식이 드러났다고 본다. 어떤 사람은 남산을 남면南面과 연결지어 해석하기도 한다. 남면이란 군주가 향하는 방향으로, 군주가 나라를 다스리는 것을 상징한다. 도연명은 남산을 바라보면서 군주를 떠올렸던 것이 아닐까?

군주를 떠올렸다는 것은 권력에 대한 욕망 때문에 그러한 것이 아니다. 군주가 천하를 잘 다스리고 있을까 하며 천하에 대한 근심을 버리지 못한 것이다. 세속이 싫어서 은둔했지만 천하에 대한 근심과 사람들의 삶에 대한 걱정을 떨쳐버릴 수는 없다. 남송 시대 장구성張九成이라는 학자는 무심히 남산을 바라본 도연명의 뜻을 이렇게 해석한다.

이것은 도연명이 밭고랑에서 군주를 잊지 못하는 뜻이다.
此即淵明畎畝 不忘君之意也.

정말 탁견이라 하지 않을 수 없다. 도연명 자신도 의식하지 못할 수 있지만 무의식적으로 남산을 본 것은 군주에 대한 마음과 천하에 대한 근심을 잊지 못했기 때문이다. 이 장면이 정선의 「동리채국도東籬採菊圖」에 묘사되었다. 그렇다면 정선의 「유연견남산」에 묘사된 장면은 어떨까? 말하려다가 할 말을 잊고 만 그의 참다운 뜻은 무엇이었을까?

다시 저녁노을 빛에 더욱더 아름답게 빛나는 산기운을 본다. 짝지어 돌아오는 기러기를 보며 뜻을 얻지 못했으면 아쉬움 없어야 한다고 문득 깨닫는다. 이렇게 노을빛에 더 빛나는 산을 바라보며 은둔하는 생활 속에서도 즐거움은 있다. 이 즐거움을 또한 구태여 말할 필요는 없지 않은가?

왜 무정한 사귐을
가지려 했을까?

이백의 「월하독작」과 함_咸괘

1

꽃 사이 놓인 한 동이 술을 花間 一壺酒

홀로 마시지 친한 이 없기에 獨酌無相親

술잔 들어서 밝은 달을 맞이하고 擧杯邀明月

그림자를 마주하니 셋이 되었다 對影成三人

달은 술 마시는 멋도 모르고 月旣不解飮

그림자는 부질없이 흉내만 내는구나 影徒隨我身

잠시나마 달과 벗하며 그림자를 데리고 暫伴月將影

행락을 즐겨볼까 때마침 봄날이구나 行樂須及春

내가 노래하니 달은 배회하고 我歌月徘徊

내가 춤추니 그림자 어지러워 我舞影零亂

술이 깨었을 때는 같이 즐기고 醒時同交歡

취한 뒤에는 제각기 흩어진다 醉后各分散

영원히 무정한 사귐 저들과 맺어 永結無情游

아득한 은하에서 다시 만나길 相期邈雲漢

시선詩仙 이백李白의 달빛 아래에서 홀로 술을 마신다는 「월하독작月下獨酌」이다. 이백의 자는 태백太白이고 흔히 청련거사靑蓮居士라고도 한다. 그의 출생과 혈통에 대해서는 말이 많다. 시선이라는 호칭만큼이나 전설적이다.

달빛 아래서 홀로 술을 마셔본 일이 있는가? 달빛 아래에서 홀로 술을 마시면서도 난 항상 무정한 사귐을 뜻하는 '무정유無情游'를 이해하지 못했다. 그가 맺고자 했던 무정한 사귐은 자잘한 정을 초탈한 관계처럼 보인다. 그럼에도 왜 아득한 은하에서 다시 만나기를 기약했을까? 무정은 매정한 우정을 말하는 것은 아닐 터이다.

첫 구절에 나온 꽃 사이에 놓인 귀한 술은 분명 사람과 술을 좋아하던 이백이라면, 친한 사람과 마셔야만 한다. 그런데 친한 이 없어 홀로 마시고 있다. 어쩌다 친한 이 하나 없는 삶이 되었을까? 사람들에게 얼마나 배신과 따돌림을 당했으면 그러했겠느냐만, 동시에 얼마나 배신을 당할 정도로 어리석고 따돌림을 당할 정도로 오만했을까?

이백의 오만함은 두보가 그를 평한 시에서 잘 드러난다.

이백은 술 한 말에 시 백 수 李白一斗詩百篇
장안의 저잣거리 주막에서 잠든다 長安市上酒家眠
천자가 불러도 배에 오르지 않고 天子呼來不上船
자칭 신은 술에 취한 신선이라고 하네 自稱臣是酒中仙

천자가 불러도 가지 않는 오만함은 교활한 교만이 아니다. 천진난만함이다. 간교한 권모술수는 그의 스타일이 아니다. 그는 죽기 전까지 대붕大鵬으로 자처했던 사람이다. 대붕은 하늘 높이 날아올라 세상에 대한 분노로 가득하다.

그러나 교활한 사람에 대한 원한과 추악한 세상에 대한 분노에 차 있으면서도 세속의 사람에 대한 그리움을 잊지 못한다. 오죽하면 초대하지도 않은 달과 그림자를 술친구로 맞이했겠는가! 또 그 애절함은 말해 무엇하랴! 그러나 친구라고 불렀건만 술맛도 모르고 어설픈 흉내만 내는 친구들이 아닌가.

그럼에도 불구하고 이백은 그들과 함께 어울린다. 달은

명나라 때의 『대월도축對月圖軸』 중 「월하독작」, 타이페이 국립고궁박물원 소장

이백을 떠나지 않고 배회하며 그림자는 이백이 춤을 추니 호응하면서 거들려 한다. 그들의 인간적인 정을 무시할 수는 없다.

이백은 세속을 초월한 대붕이라 자처할 만큼 오만했다. 하지만 세상 사람들에 대한 애정을 잃지 않았다. 인간적으로 순진무구했다. 그런 만큼 상처와 실망이 컸던 것은 아닐까? 그렇다면 사람들과 영원한 사귐을 맺으려 했던 순진무구함과 동시에 무정함을 어떻게 이해해야 할까?

2

일반적으로 이 무정을 장자의 말과 관련해서 설명하기도 한다. 장자는 혜시가 '사람에게 어떻게 감정이 없을 수 있겠느냐'고 묻자 '무정'을 이렇게 설명한다. "좋음과 싫음 때문에 안으로 몸을 상하게 하지 않고서, 항상 자연스러움에 따라 살아가되 생명을 유익하게 하려는 노력을 하지 않는다人之不以好惡內傷其身, 常因自然而不益生也."

어찌 보면 무정함은 인간적이지 못하다. 매정한 무심함이다. 사람에게서 가장 인간적인 것은 사소한 정 때문에 상처받고 아파해서 원한과 질투가 생기는 그런 종류의 다정함이다. 감동받고 측은해하며 감사하고 그리워하는 친밀함이다.

그러나 다정도 병일 수 있다. 우리나라 사람들은 다른 나라 사람들보다 정이 많다고 한다. 그만큼 스트레스와 병도 뒤따라 온다. 정이 많아서 그런지 한국인만큼 타인의 삶에 간섭하고 개입하려는 사람도 없다. 정이 많다는 것이 어쩌면 위험한 것일 수도 있는 까닭이다.

정情이란 말은 오묘하다. 실정實情은 실제의 사정이다. 외적인 상태와 조건을 뜻하는 정세情勢와 정황情況이다. 동시에 내면의 감정이다. 내적인 조건과 상태를 뜻하는 정서情緒나 감정感情이기도 하다. 정이란 말은 내면과 외면 두 가지를 다 포함한다.

감정感情은 정을 느끼는 것이고 표정表情은 정을 드러내는 것이다. 정을 나눈다는 것은 곧 자신과 타인의 실정을 나누는 것이다. 그럴 때 정은 정보情報일 수 있다. 정보란 그러므로 정情을 보報고하는 것이다.

그렇다면 정을 나누는 것은 정보를 나누는 것이기도 하지 않을까? 정을 나누는 것은 인간다운 삶을 만들 수 있지만 정보를 나누는 것은 위험할 수 있다. 정을 준다고 주었는데 뜻하지 않게 나의 정보가 유출되어버린다.

정을 나눈 사람 사이의 관계는 더욱 깊어질 수 있다. 그러나 정에 집착할 때 부담이 될 수도 있다. 집착하고 결국에는 증오로 변하기도 한다. 난 너에게 정을 주었는데, 왜 넌 나에게 정을 주지 않는 거니, 너 나를 무시하는 거니? 이렇게 싸우게 된다. 원한이 생긴다. 스트레스다.

정보도 마찬가지다. 정보를 나눈 사람끼리는 상호 이해가 깊어질 수 있다. 그러나 정보를 악용한다면 지배하거나 사기를 칠 수도 있다. 정보는 타인을 이해할 수 있게 하지만 동시에 오해도 일으킨다. 정보를 어떻게 이용하고 해석할 것인가? 그것도 스트레스다.

이런 맥락에서 장자의 무정을 이해할 수 있다. 그가 말하는 무정이란 정이 없다는 것이 아니다. 정에 집착하지 말라는 뜻이다. 자신만의 사적이고 편협한 좋음 혹은 싫음 때문에 몸을 상하지 말고 자연스러운 이치에 따라 살라는 것이다. 정을 함께 나누되 그에 집착하지 않는다는 의미에서 무정이란 망정忘情이다. 정을 잊고 초탈하는 것이다.

『장자』의 이 말은 "사람의 형체를 가지고 있지만 사람의 감정은 없다. 사람의 형체를 가지고 있어서 사람들과 함께 살지만, 사람의 감정이 없기 때문에 시비가 몸에 있지 않다 有人之形, 無人之情. 有人之形, 故羣于人, 無人之情, 故是非不得於身"는 말과 이어진 내용이다.

장자가 말하는 무정이란 시비是非와 이해득실을 초탈하여 사람들과 관계하는 것을 뜻한다. 무정함이란 세상에 대해서 무관심하거나 무감각한 것이 아니다. 즉 무심無心이 아닌 무사심無私心을 말한다. 사심私心 없이 사람들과 사귀는 것이다.

자신이 싫다고 해서 세상을 떠날 수는 없다. 원한과 분노에 쌓인 세상일지라도 떠날 수는 없는 법이다. 사람은 사람과 살아야 하고 살고 싶어한다. 이백이 말한 무정유 또한 마찬가지 아닐까? 함께 배회하고 호응하는 사람이 술맛을 모르고 흉내나 내는 사람일지라도 개인적인 호오와 시비를 잊고 즐겁게 사귀는 것이다.

그러니 무정한 사귐이란 정이 없는 냉담함이 아니라 사적이거나 편협한 정에 얽매이지 않는 초탈한 사귐이다. 정을 나누되, 사심과 사사로운 정에 집착하여 상대를 지배하지 않는 것이며 사적인 정보를 악용하여 상대를 이용하지 않는 것이다.

3

사람들과 세상에서 함께 살아가면서 관계를 맺는 일을 상징하는 괘卦가 『주역』에도 있다. 서른한 번째 괘인 함咸☰괘다. 택산함澤山咸이라고 읽는다. 괘의 모습이 연못을 상징하는 태兌☱괘가 위에 있고 산을 상징하는 간艮☶괘가 아래에 있기 때문이다.

함괘는 남자와 여자가 교감하는 것을 상징한다. 단지 남녀의 교감만 말하진 않는다. 모든 사람과의 감응을 상징한다. 함咸이란 교감과 감응을 뜻하는 감感과 동일한 뜻인데 감感이라는 글자에서 마음 심心자를 뺀 것이다. 그 이유는 사심私心 없이 사람들과 감응하기 때문이다.

그런 까닭에 함괘의 「상전象傳」에서는 "군자는 마음을 텅 비워 사람들을 받아들인다君子以虛受人"고 말한다. 마음을 텅 비운다는 것은 사심과 사적인 이해관계를 비운 허심虛心을 뜻한다. 함괘의 네 번째 효는 사람들과 관계하는 감응의 도리를 상징적으로 표현하고 있다.

구사효는 올바름을 굳게 지키면 길하여, 후회가 없어진다. 이리저리 왔다 갔다 하면, 친구만이 너의 생각을 따른다.
九四, 貞吉, 悔亡, 憧憧往來, 朋從爾思.

『근사록近思錄』에는 이 함괘의 네 번째 효에 대한 정명도

程明道의 설명이 있다.

천지의 일정한 법칙은 그 마음으로 만물을 널리 대하지
만 사심이 없고, 군자의 일정한 도리는 그 정이 모든 일
을 순조롭게 처리하지만 사사로운 정이 없다.
夫天地之常, 以其心普萬物而無心, 聖人之常, 以其情順萬事而無情.

정명도의 말에 무심無心과 무정無情이 나온다. 그것의 의
미는 마음이 없고 정이 없다는 것이 아니다. 공명정대한 원
리에 따라 사람을 대하고 일을 처리한다는 의미다. 사심을
갖거나 개인적인 정에 이끌리지 않는다는 뜻이다.
　함괘의 네 번째 효에서 "이리저리 왔다 갔다 한다"고 번
역한 말은 '동동왕래憧憧往來'다. '동동왕래'란 조바심을 내며
이해관계를 계산하고 이 사람 저 사람과 관계가 얽혀 있어
사사로운 정에 이끌려 일을 처리하는 것을 말한다.
　이렇게 일관성 없이 타인과 사귀면 이해관계에 얽힌 친구
만 따르게 되니 관계가 협소하고 공명정대하지 못하다. 이
함괘의 네 번째 효에 대한 정명도의 설명이 흥미롭다.

사람의 정에는 각각 가려진 점이 있기 때문에 도道에

나갈 수 없다. 대체로 근심은 사사롭게 자신을 위하려는 마음과 교활한 꾀를 쓰는 데에 있다. 사사롭게 자신을 위하면 마땅한 도리로 타인과 감응할 수 없고, 꾀를 쓰면 밝게 깨달아서 자연스럽게 될 수 없다.

人之情, 各有所蔽, 故 不能適道. 大率患在於自私而用智, 自私則 不能以有爲爲應迹, 用智則 不能以明覺爲自然.

좋은 관계는 상대를 의식하며 인위적으로 꾸미지 않는다. 말없이 함께 있어도 어색하지 않다. 소식이 없더라도 서운해하지 않고 주고받는 것이 없어도 아쉬워하지 않는다. 그리워지면 만나 술 한잔 하고 헤어지며 미소 짓는 관계다.

이러한 사귐은 무관심이나 무심함과는 다르다. 연락이 전혀 없다가 아쉬울 때 찾아오는 이기심도 아니다. 함부로 대하는 무례함도 아니다. 인간으로서 마땅한 도리를 잃지 않는 믿음이 있다. 가식이 없기 때문에 진솔하고 계산이 없기 때문에 자연스럽다.

상대를 의식하며 예의를 갖추어야 한다는 의식이 들기 시작하면 인맥 관리가 되어버린다. 좋은 관계란 관리가 아니다. 정도正道에 따라 사귀지만 의식적인 애씀은 없다. 의식적인 애씀이 없다고 해서 방치해두는 것도 아니다.

순진무구하면서도 무정한 관계란 그런 것이다. 사심과 꾀가 없이 자연스럽게 사람을 대한다. 자연스럽게 사람들과 사귀기 때문에 순진무구하고 이것저것 의식해서 따지거나 예의를 갖추지 않기 때문에 무정하다.

그러므로 무정하게 보일지라도 거기엔 상대에 대한 전적인 신뢰와 성실이 있다. 이백에게 술에 취한다는 것은 무엇을 의미하는가? 이백은「월하독작」에서 이렇게 답한다.

석 잔 술은 대도에 통하고 三盃通大道
한 말 술은 자연스러움에 합하거니 一斗合自然
취하여 얻는 즐거움을 但得醉中趣
깨어 있는 사람에게 이르지 말라 勿謂醒者傳

대도大道에 통하고 자연스러움에 이를 수 있는 방법이 술에 취하는 것이다. 술에 취하지 않고서 의식적으로 사람을 관리하려는 깨어 있는 이들은 술에 취한 자연스러움을 알지 못한다. 그러니 알지 못한다고 해서 또 구태여 알아달라고 말할 필요가 있겠는가?

왜 나이트장에서는
팀플레이가 중요할까?

백거이의 「북창삼우」와 태泰괘

1

오늘 북쪽 창문 아래에서 今日北窓下

스스로 묻노니 무엇을 할까 自問何所爲

기쁘게도 세 친구를 얻었구나 欣然得三友

세 친구는 누구인가? 三友者爲誰

거문고를 뜯다가 술을 마시고 琴罷輒擧酒

술을 마시다 시를 읊는다 酒口輒吟詩

세 친구가 번갈아 서로 이끄니 三友遞相引

돌고 돎이 끝이 없다 循環無已時

한번 타니 마음이 상쾌해지고 一彈愜中心

한번 읊으니 사지가 풀어진다 一詠暢四肢

그 사이에 흥이 끊길까봐 猶恐中有間

술로써 틈을 봉합한다 以酒彌縫之

어찌 나만이 고졸함을 좋아했을까 豈獨吾拙好

옛사람들은 대부분 이러했다 古人多若斯

시에 빠진 이로는 도연명이 있고 嗜詩有淵明

거문고에 빠진 이로는 영계기가 있고 嗜琴有啓期

술에 빠진 이로는 유령이 있으니 嗜酒有伯倫

세 사람 모두 나의 스승이다 三人皆吾師

백거이白居易의 「북창삼우北窓三友」다. '북창삼우'라 하면 백거이가 친구로 삼아 인생을 즐긴 술과 시와 거문고를 말한다. 그는 자가 낙천樂天이고 호는 취음선생醉吟先生, 향산거사香山居士다. 술을 좋아했던 사람이다.

'낙천樂天'은 하늘의 뜻을 즐긴다는 의미이고, '거이居易'는 편히 산다는 의미이다. 이는 백거이의 후반기 인생을 대변한다. 그는 강주사마로 강등된 이후 천하를 구제하려던 뜻을 접고 한적한 삶을 즐겼다. 북창삼우에 묻혀 인생을 낙천적으로 편히 즐겼던 것이다.

사대부에게 관직에 올라 조정에 나가는 일은 자신의 뜻을

마오쩌둥이 손으로 직접 쓴 「비파행比琵琶行碑」

펼칠 수 있는 유일하고도 확실한 길이다. 관직에 올랐는데 실패했다면? 대부분 사대부는 자신의 충정이 외면당하거나 부당하게 배척당했을 때 동지를 규합하여 역모를 꾀하든가, 아니면 모든 것을 포기하고 산속에 은거했다.

백거이는 어떠했을까? 그에게도 관직에 올라 득의양양한 시절이 있었다. 그러나 탄핵을 받아 강주江州의 사마司馬로 좌천되었다. 이때 지은 유명한 시가 바로 「비파행琵琶行」이다. 「비파행」은 군주에게 총애를 받다가 버려진 늙은 기생의 사연이 담긴 노래라고 알려져 있다.

아니다, 단지 기생의 얘기만은 아니다. 오히려 조정에서 지방으로 좌천당한 백거이의 심사가 투영된 시이기도 하다. 마지막 대목에서 기생의 비파 소리를 다시 들으며 그는 이렇게 말한다.

이전의 비파 소리보다 더욱더 처량하여 淒淒不似向前聲
모두 앉아 얼굴을 가리고 울며 들었으니 滿座聞之皆掩泣
그중에서 누가 가장 많이 울었던가 就中泣下誰最多
나 강주사마 푸른 소매가 흠뻑 젖었더라 江州司馬靑衫濕

군주의 총애를 받다가 버림받은 늙은 기생과 자신의 신세는 동병상련할 처지다. 늙은 기생의 비파 소리에 가장 많이 울었던 이는 푸른 소매가 흠뻑 젖도록 울고 만 강주사마 백거이다. 그는 늙은 기생의 처지를 자신의 처지처럼 가슴 깊이 공감했던 것이다.

그러나 백거이는 강주사마로 좌천된 이후에 아예 지방의 한직에 은거하는 방식을 택했다. 산속으로 은거했던 것이 아니라 지방 관리로 은거했다. 그는 왜 산속으로 들어가지 않았을까? 「중은中隱」이라는 시가 있다.

대은은 조정과 시장 바닥에 숨고 大隱住朝市
소은은 산속에 들어간다 小隱入丘樊
산속은 너무 쓸쓸하고 丘樊太冷落
조정과 시장 바닥은 너무 시끄럽구나 朝市太囂喧
차라리 대은과 소은의 중간에 은거하여 不如作中隱
관직에 은거하는 것이 적당하다 隱在留司官

산속에 들어가면 추위와 배고픔과 외로움 때문에 힘들고 고위 관리가 되면 정치적 책임으로 근심과 위태로움이 많아진다. 그래서 중간이 가장 적당하다. 그것이 대은도 소은도 아닌 중간인 중은中隱이다.

가난하지도 않고 부유하지도 않지만 말단 관직이라도 봉급을 받아야 자신이 좋아하는 것을 즐기면서 유유자적하게 살 수 있다. 편한 삶이다. 가난의 괴로움도 고위 관리의 책임도 없다. 내 눈에 띄었던 시가 있다. 「영숭리관거永崇里觀居」라는 시의 한 대목이다.

다행히 헐벗음과 굶주림을 면한다면 幸免凍與餒
그 밖에 다시 무엇을 바랄까 此外復何求
욕심을 줄이면 허물이 적고 寡慾雖少病
천명을 즐기면 마음이 우울하지 않다 樂天心不憂
어찌해야 나의 뜻을 밝힐까 何以明吾志
『주역』이 내 책상머리에 놓여 있다 周易在床頭

말단이라도 관리이니 굶주림을 면하고 책임질 일 없으니 근심이 없다. 이것이 중은이라는 은둔의 삶이 가진 행복이다. 이런 삶의 방식을 『주역』을 통해 배웠다는 말인가? 내가 배운 바에 의하면 잘못 배운 것이다. 이것은 『주역』이 말하는 중도中道가 아니다.

욕심을 줄여서 원하는 것을 조금씩 모두 즐기겠다는 박리다매薄利多賣식의 욕망 충족은 중도가 아니다. 이런 중도는 이것과 저것 모두 책임지기 싫기 때문에 가운데의 위치로 회피하는 타협이다. 혼자만의 위로이며 현실을 기피하려는 비겁일 수도 있다.

2

나이트장을 돌아다니면서 좀 놀아본 선수들은 알 만한 일이 있다. 팀플레이다. 천재 수학자 존 내시John Nash를 그린 영화 「뷰티풀 마인드」에는 나 개인적으로 가장 관심 있는 주제를 다루는 장면이 나온다. 여자를 꾀는 방법이다.

그 장면은 이렇다. 술집에 미녀가 들어오자 넋을 잃은 친구들은, 먹물들이 다 그렇듯이, 애덤 스미스를 들먹이며 이론을 편다. 개인이 이익을 추구하면 그것이 전체 이익을 극대화하는 길이니 각자 이기적으로 미녀를 차지하기 위해 각자의 능력에 따라 개인 플레이를 하자는 주장이다. 일명 '보이지 않는 손'에 대한 믿음이다.

그러나 존 내시의 생각은 좀 달랐다. 전체 남자들이 미녀에만 집중해서 다툰다면 미녀 친구들에게 시기와 분노를 일으킬 것이고 그것이 미녀에게 영향을 미쳐서 결국 누구도 미녀를 차지하지 못할 뿐 아니라 여자들이 모두 떠나는 최악의 결과가 나온다는 것이다. 탁견이다.

결국 미녀를 포함해서 여자들 모두를 고려해야 한다. 협상과 대화를 벌여 모두를 즐겁게 하고 물밑으로 폭탄제거 반도 구성한다. 전체를 고려하면서 개인들의 의도를 추구할 때 전체 구성원들에게 '적합한 전략'들이 생겨나고 그것이 전체의 균형을 이룬다. 이른바 '균형 이론'의 탄생이다.

단지 여자를 꾀는 문제에만 팀플레이가 중요할까? 권력을 대하는 문제는 어떠할까? 나이트장에서만 팀플레이가 필요한 것이 아니라 권력장에서도 이는 중요하다. 권력장의 중심에는 군주가 있다. 군주를 중심으로 주변에 신하들이 몰려든다. 총애를 구하려는 것이다. 『주역』에서 말하고자 하는 것은 권력의 중심부에 있는 군주를 꾀는 팀플레이다.

세상에는 두 가지 힘의 역학관계가 있다. '도덕적 힘理'과 '권력적 힘勢'이다. 권력적 힘은 현실적으로 강하다. 그러나 언제나 이기는 것은 아니다. 도덕적 힘은 현실에서는 약하다. 그렇다고 언제나 패했던 것만도 아니다.

권력적 힘이 도덕적이지 못할 경우가 있고 도덕적 힘이 권력적 힘을 얻지 못할 때도 있었다. 그렇다면 도덕적 힘이 권력적 힘을 얻기 위한 방법은 무엇일까? 팀플레이다. 그것은 태평성대이건 난세이건 마찬가지다. 『주역』은 유유자적한 혼자만의 은둔인 중은을 말하지는 않는다.

세상이 잘 다스려진 태평성대를 상징하는 괘가 바로 열한 번째 괘인 태泰☷☰괘다. 지천태地天泰라고 읽는다. 땅을 상징하는 곤坤☷괘가 위에 있고 하늘을 상징하는 건乾☰괘가 아래에 있다. 땅이 위에 있고 하늘이 아래에 있다. 이상하다. 그러나 왜 태평성대를 상징할까?

하늘은 양陽이고 양은 불처럼 위로 솟아오르려 한다. 땅은 음陰이고 음은 물처럼 아래로 흐르려 한다. 양이 밑에서 올라가고 음이 위에서 내려와 서로 만나 소통하고 조화한다. 소통하지 못하면 막힐 뿐이다. 태괘의 첫 번째 효의 말은 이러하다.

띠의 뿌리를 뽑는다. 그 무리와 함께 가면 길하다.
拔茅茹. 以其彙. 征吉.

띠풀은 그 뿌리가 계속해서 연결되어 있다고 한다. 띠의 뿌리를 뽑는다는 것은 연결된 뿌리가 모두 함께 뽑히는 것이다. 뜻을 함께하는 동지들이 규합한다는 의미다. 태평성대에는 권력의 중심인 조정에 홀로 가는 것이 아니라 뜻을 같이하는 동지들과 가서 군주를 설득하고 권력을 행사하며 올바른 도를 실천해야 한다.

그러나 세상이 잘 다스려지지 않는 시대에는 어떻게 할까. 세상이 다스려지지 못한 상황을 상징하는 괘가 열두 번째 괘인 비否䷋괘다. 천지비天地否라고 읽는다. 태괘와는 반대다. 양은 위에서 위로 올라가고 음은 아래에서 아래로 흘러간다.

서로 소통하지 못하고 꽉 막혀 자기 고집만 피운다. 당연히 난세다. 어찌 해야 할까? 물론 도덕적 힘을 갖지 못한 채 권력만을 휘두르는 군주에게 협력할 순 없다. 그렇다고 도덕적 힘을 세상에 실현시키려는 뜻을 포기할 순 없다. 비괘의 첫 번째 효는 이러하다.

띠의 뿌리를 뽑는다. 그 무리와 함께 도덕적 옳음을 굳게 지키니 길하여 형통하다.

拔茅茹, 以其彙, 貞吉亨.

마찬가지다. 띠의 뿌리를 뽑는다. 태평성대이건 난세이건 모두 뜻을 함께하는 동지들과 연대하여 뜻을 지켜나간다. 어떤 상황이건 팀플레이의 연대를 강조하고 있다. 군주의 총애를 잃고서 은둔할지라도 자신의 뜻을 포기하고 더러운 세상을 회피하려는 나약한 포기는 없다. 혼자만 유유자적한 안일에 빠지지도 않는다.

3

최악을 피하면서 개인의 이득을 꾀하려고 중간을 선택하는 것은 『주역』에서 말하는 중도가 아니다. 백거이가 말하는 중은은 괴로움과 책임은 회피하면서 홀로 자신의 문제만을 해결하고자 하는 개인플레이다. 고립이기도 하다. 그것을 중간의 은둔이라고 말한다면 자기기만적 은둔일 뿐이다.

군대를 갔다 온 사람이라면 잘 알고 있을 처세법이 있다. 잘하지도 말고 못 하지도 말라는 것이다. 잘하면 잘한다고 자꾸 시키고 못 하면 못 한다고 구박이다. 중간 정도의 능력을 발휘하는 것이 적당하다. 백거이의 중은은 바로 군대식의 중간을 의미한다.

중도라는 말처럼 애매하게 사용되는 것도 없다. 좌파냐 우파냐? 좌파도 우파도 아닌 중도라고 흔히 대답한다. 중도는 결코 중간에 서는 비겁한 타협이 아니다. 중도는 정도正道와 대비되는 말이다. '상황에 가장 적절하고 합당한 행위' 혹은 '시의적절한 행위'라고 풀 수 있다.

백거이 초상

주어진 상황의 모든 요소를 고려하고 때를 파악하여 타이밍을 맞추는 행위다. 그러나 중도일지라도 정도를 지키는 것이 중요하다. 중도란 반드시 정도를 잃지 않는 것이다. 정도만을 고집할 경우 중도를 이룰 수 없지만, 중도를 이루었다면 반드시 정도일 따름이다. 정도를 버리고 시세를 따르는 것은 기회주의적이고 현실 추수적인 태도일 뿐이다.

백거이는 조정과 시장 바닥에 숨지 않았고 산속으로 들어가지도 않았다. '낙천樂天'하면서 관직에 머물며 북창삼우와 함께 유유자적 한가함을 즐겼다. '낙천'은 단지 괴로움과 책임이 없는 쉬운 조건에서 낙천적으로 즐기는 것이 아니다.

『주역』에서는 오히려 '낙천지명樂天知命'을 말한다. 이는 책임과 괴로움을 피하면서 낙천적으로 즐거움을 즐기라는 말이 아니다. 자기에게 주어진 책임과 의무로서의 천명天命을 괴로운 처지일지라도 피하지 않고 즐겁게 이행하는 것이다.

시장 바닥에 머물 수밖에 없으면 시장 바닥의 가난에 즐겁게 처하는 것이 낙천지명이다. 또한 조정에 들어갈 만하면 들어가 자신의 뜻을 실현하는 것도 낙천지명이다. 위험과 고난을 짊어질 책임을 피하려 하지 않고 가난과 외로움을 두려워하지도 않는다.

이 세상에서 홀로 이룰 수 있는 일은 없다. 어려운 때일수록 뜻을 같이하는 동지들과 연대하여 세력을 이룰 수밖에 없다. 그럴 때 낙천지명은 자신에게 주어진 천명의 부득이함을 알아서 그것을 마음 편하고 즐겁게 동지들과 함께 행하는 것이다. 독불장군은 없다.

왜 머뭇대며 서성이다
한 해가 저물었을까?

소옹의 「감사음」과 서합噬嗑괘

1
난초는 심어도 꽃 피우지 못하고 芝蘭種不榮

가시덤불은 베어내도 제거하지 못하네 荊棘剪不去

이 둘을 어쩌지 못하고 二者無奈何

머뭇대며 서성이다 한 해가 저무는구나 徘徊歲將暮

　송나라 때 소옹邵雍의 「감사음感事吟」이다. 소옹의 호는
안락선생安樂先生이고 자는 요부堯夫이며 시호는 강절康節이
다. 평생 관직에 나가지 않고 뤄양洛陽에서 지식인들과 교
류하며 지냈다. 당시 세도가인 사마광司馬光 등 여러 사람이

소옹 초상

돈을 모아 소옹을 위해 집을 샀다고 하니 유명세는 알 만하다. 소옹은 그 집을 '안락와女樂窩'라 했다.

'감사음'은 '어떤 일에 느낌이 있어서 시를 읊었다'는 의미다. 궁금한 것은 이것이다. 난초를 심었는데 꽃을 피우지 못하고 가시덤불은 베어냈는데도 완전히 제거하지 못한 이유가 무엇이었을까? 이는 수양의 어려움에 대한 은유다.

난초는 향기가 아름다운 꽃이다. 현자들의 덕을 상징한다. 선한 마음이기도 하다. 그러나 이 선한 마음은 배양해서 꽃을 피우기 힘들다. 가시덤불은 무엇인가? 자신도 모르게 온몸을 휘감고 있는 악습이다. 이미 온몸을 휘감은 악습은 끊으려 해도 끊기 힘들다.

선한 꽃을 피우고자 거름 주고 물주고 뿌리를 배양하려 했지만 끊임없이 실패한다. 악습을 제거하려고 썩어빠진 뿌리를 끊으려 해도 완전히 끊을 수 없다. 이럭저럭 생을 소진하다가 늘그막에 이른 노년의 한탄이다. 서글픈 일일까, 아니면 아름다운 모습일까?

무능한 사람은 자신감에 넘치고 지혜로운 사람은 스스로를 의심한다. 자신감과 강고한 확신은 명증한 지식을 근거로 하지 않는다. 무지를 근거로 한다. 버트런드 러셀이 "이 시대의 아픔 중 하나는 자신감이 있는 사람은 무지한데, 상상력과 이해력이 있는 사람은 의심하고 주저한다는 것이다"
라고 말했을 때, 그것은 단지 그 시대만의 아픔이 아니었다.
시공을 초월한 모든 시대의 아픔이었다.

더닝 크루거 효과Dunning-Kruger effect라는 것이 있다. 인
지 편향 가운데 하나다. 능력이 없는 사람이 잘못된 결정을
내려 잘못된 결론에 이르지만, 능력이 없기 때문에 자신의
실수를 알아차리지 못하는 현상을 가리킨다.

그래서 능력 없는 사람은 자신의 실력을 과대평가하면서
근거 없는 우월감을 갖는다. 자신의 실력이 어떠한지를 판
단할 폭넓은 지식이 없기 때문이다. 우월감의 정체는 무지
에 있다. 무지에 근거한 자신감은 타인을 지배하려는 폭력
이 되기도 한다. 사실 억지인데 억지인지조차 모르는 모자
란 무지다.

반면 능력 있는 사람은 자신의 실력을 과소평가하면서
근거 있는 열등감을 갖는다. 자신의 실력을 더 뛰어난 사람
들의 실력과 비교하여 판단하기 때문이다. 열등감의 정체
는 대가들의 위대한 실력에 대한 폭넓은 지식에 있다. 지식
에 근거한 열등감 때문에 타인 앞에서 자신감을 상실하기
도 한다. 사실 착각인데 착각인지조차 모르는 과도한 지식
이다.

무식하면 용감하다. 무식한 용기는 뜻하지 않은 성과를 얻게끔도 한다. 일시적 현상이다. 훌륭한 성과는 무식한 용기로부터 나올 수 있다. 그러나 무식한 용기가 매번 훌륭한 성과를 가져오지는 않는다. 선무당이 사람 잡기도 하는 것일 따름이다.

경험과 지식이 없는 사람은 자신감에 넘친다. 그러나 경험이 쌓이고 뭔가를 알아가면서 자신감은 떨어지기 시작한다. 자신감의 강도는 경험과 지식의 농도와 반비례한다. 경험과 지식의 농도가 깊어지면 질수록 자신감의 강도는 약해진다.

아파할 일이 아닌지도 모른다. 결국에 가서는 자신감이 낮은 사람이 대가가 되는 것은 아닐까? 완벽함보다는 완벽을 향해 매 순간 포기하지 않는 태도는 자신의 실력이 부족하다는 자신감의 결여에서 나온다.

아파할 사람은 자신감이 부족한 이가 아니라 자신감의 부족을 대가의 경지로 전환시키지 못하는 이다. 인간인 이상 완벽은 없다. 부족함을 메우려는 성실함이 더 매력적인 이유다. 결핍을 메우려는 노력은 그래서 겸손하다. 이 우주는 겸손함을 좋아한다. 오만하거나 비굴한 겸손 말고.

2

가랑비에 옷 젖는지 모른다. 사소한 것은 당장 눈에 띄지 않는다. 당장 눈에 띄지 않기 때문에 사람들은 소홀히 한다. 당연하다. 이까짓 것 해봤자 무슨 이득이 있겠어? 쉽게 포기한다. 혹은 이까짓 것 했다고 무슨 해가 있을까? 쉽게 감행한다. 『주역』「계사전」에 나오는 말이다.

선함은 쌓지 않으면 명예를 이룰 수 없고 악함은 쌓이지 않는다면 자신을 해칠 수 없다. 소인은 작은 선을 무익하다고 여겨 행하지 않고 작은 악을 해로울 것이 없다고 해서 제거하지 않는다. 결국 악이 쌓여서 가릴 수 없는 지경에 이르고 죄가 커져 해결할 수가 없다. 그리하여 『역』에서 "차꼬를 목에 차 귀를 손상시키니 흉하다"고 했다.

善不積, 不足以成名, 惡不積, 不足以滅身. 小人, 以小善爲无益而弗爲也, 以小惡爲无傷而弗去也. 故惡積而不可掩, 罪大而不可解. 易曰"何校滅耳, 凶."

소인들만의 문제는 아니다. 소인일 수밖에 없는 우리에게도 흔한 일이다. 선한 일을 하지 않으려는 것은 아니지만 사

「난」, 정사초鄭思肖, 25.7×42.4cm, 송대, 오사카 시립박물관 소장

소한 선행을 한다고 해서 누가 알아주기라도 할까 가벼이 여기면서 외면한다. 악한 일을 하려는 것은 아니지만 사소한 악행을 했다고 해서 누가 뭐라 할까 합리화하면서 해버린다.

결과는? 향기 가득한 난초의 꽃을 피우지 못하고 가시덤불과 같은 악습에 빠져 헤어나오지 못하는 지경에 이른다. 사람들은 이롭지 않으면 섣불리 하려 하지 않고 두렵지 않으면 예사롭게 행한다. 이익이 사람을 움직이게 하고 두려움이 멈추게 한다.

소인은 불인함을 부끄러워하지 않고 불의함을 두려워하지 않는다. 이익을 보지 않으면 힘써 하려 하지 않고 위엄으로 두렵게 하지 않으면 억제하려 하지 않으니, 사소할 때 징계하여 두렵게 해서 크게 경계시키는 일이 소인의 복이다. 『역』에 "차꼬를 채워 발을 손상시키니, 허물이 없다"고 했다.

小人, 不恥不仁, 不畏不義, 不見利, 不勸, 不威, 不懲, 小懲而
大誡, 此小人之福也. 易曰屨校滅趾, 无咎.

눈앞의 이익은 사소할지라도 뚜렷이 잘 보여서 그것을 얻으려 한다. 결국엔 불인한 일을 하게 되더라도 부끄러워하지 않게 된다. 작은 악은 사소하다고 생각하여 쉽게 행한다. 결국 불의한 일을 저지르고도 두려워하지 않는 지경에 이른다.

여기 인용된 말들은 『주역』의 스물한 번째 괘인 서합噬嗑 ☲☳괘에 나온 것이다. 서합괘는 화뢰서합火雷噬嗑이라고 읽는다. 괘의 모습이 불을 상징하는 이離☲괘가 위에 있고 우레를 상징하는 진震☳괘가 아래에 있기 때문이다. 불과 우레가 합쳐진 것이 이 괘의 모습이다.

서합噬嗑에서 '서噬'란 씹는다는 뜻이고 '합嗑'은 합한다는 뜻이다. 괘의 모습을 보면 가장 아래와 가장 위에 양陽—효가 있고 네 번째에 양효가 있다. 이 괘는 사람 턱과 입의 모습이고 가운데에 있는 양효는 입속에 있는 이물질이다. 입속에 이물질이 있으면 틈이 생겨 입을 다물 수 없다. 깨물어 부순 뒤에야 합쳐된다.

이물질을 씹어서 합친다는 이미지는 입속의 이물질과 같이 세상의 질서를 해치는 사람들을 처벌하여 사회 질서를 바로잡는다는 의미를 띤다. 그래서 서합괘는 형법刑法을 사용하여 처벌하고 징계하는 일들에 대한 내용을 담고 있다.

서합괘는 불과 우레가 합쳐진 모습이다. 불을 상징하는

이離☲괘는 태양처럼 밝게 비추는 모습이다. 명철함이다. 시시비비를 명증하게 판결한다. 우레를 상징하는 진震☳괘는 우레처럼 진동하여 사람들을 두렵게 하는 모습이다. 위엄이다. 위엄은 사람들을 두렵게 한다.

서합괘의 모습은 이익 다툼을 명철하게 판결하고 위엄을 통해 두렵게 한다는 뜻이 담겨 있다. 형법을 사용하는 뜻이기도 하다. 형법을 시행하는 데 가장 중요한 요소가 시시비비를 판별하는 명철함과 두려움을 느끼게 만드는 위엄이다. 명철함과 위엄은 잘못과 죄를 저지른 사람을 징계한다. 악행을 징계하고 선행을 권면한다.

3

서합괘에서 말하는 덕목인 명철함과 위엄은 단지 타인에게 악행을 징계하고 선행을 권면하는 일에만 적용되는 것이 아니다. 자신에게도 동일하게 적용될 수 있다. 자신의 선한 마음을 수양하고 악한 마음을 뿌리 뽑는 일도 마찬가지다. 소옹의 「감사음」은 바로 이러한 내용을 담고 있다.

선한 마음의 뿌리를 잘 길러서 꽃피우기 어려운 이유는 사소한 선행과 악행이 일으킬 효과를 명철하게 판단하지 못하기 때문이다. 악습의 뿌리를 쉽게 없애지 못하는 이유는 사소한 악행을 단호히 거부하지 못하기 때문이다. 즉 명철한 판단과 단호한 위엄이 없기 때문이다.

이러한 탄식 속에는 더닝 크루거 효과가 숨어 있다. 무능한 사람은 자신의 능력을 향상시킬 수 없다. 무능과 유능을 구별할 수 없기 때문이다. 구별하지 못하므로 자신의 능력을 과대평가하며 자신감에 차 있다. 우월감에 빠져 타인을 무시하고 매도하기도 한다.

지혜로운 사람은 반대로 자신감이 부족하다. 지혜로운 사람은 스스로의 능력을 의심한다. 무엇이 유능한 것인지를 잘 알고 있기 때문이다. 유능하지 못한 자신의 부족함을 사소한 영역에까지 의식하고야 만다. 사소한 일까지 끊임없이 점검하려고 한다. 겸손하고 신중해진다.

"악마는 디테일에 있다The devil is in the details"는 말이 있다. 대부분의 실패와 잘못은 사소한 일에 대한 무시와 실수로부터 비롯된다는 말이다. 디테일한 부분까지 소홀히 하지 않고 꼼꼼하게 처리한 제품을 보면 신뢰가 느껴지는 이유다.

대부분의 사람은 관성과 타성에 젖어 디테일을 소홀히 여긴다. 사소해 보이는 부분을 너무 자주 무시해버린다. 인생을 망치는 악마는 흉측한 모습이 아니다. 눈에 띄지 않는 사소한 부분에 숨어 있다.

디테일은 경영과 세일즈의 영역에서만 중요한 것이 아니다. 모든 영역에서 마찬가지다. 자신을 대하는 태도에서도 마찬가지다. 처음으로 사소한 실수를 저질렀을 때 대수롭지 않게 여기고 넘어가면 두 번째 세 번째도 동일하게 반복된다. 결국 이렇게 되든 저렇게 되든 상관없다는 무책임이 자신도 모르게 뿌리내리고 마침내 악습이 된다.

자신의 결함을 끊임없이 의식하는 사람은 자신감은 없을지언정 신중해진다. 신중해지면서 동시에 끊임없이 실패할 뿐이다. 그렇게 생을 소진하다가 늘그막에 이른 노년의 모습은 서글픈 일일까, 아니면 아름다운 모습일까?

끊임없이 실패하며 머뭇대고 서성이다가 한 해가 저물었다고 탄식하는 소강절의 노년은 어떠했을까? 높은 관직에 오르지 못한 채 허름한 골목에서 가난하게 보냈던 소강절의 노년을 정명도程明道는 이렇게 묘사하고 있다.

도의 경지 높아야 비로소 속세와 뒤섞여 어울려 살 줄 아니 道大方能混世塵
허름한 골목 속의 한평생은 안연의 즐거움이고 陋巷一 生顔氏樂

천고의 맑은 기풍은 백이의 가난이리라 淸風千古伯夷貧

수많은 사람 경지를 넘어선 글씨 받으려 찾아들고 客求
墨妙多攜卷

하늘은 시의 호걸을 위해 봄날을 넘치게 빌려주네 天爲
詩豪剩借春

우스갯말로 세속 사람들과 친하게 어울리나 儘把笑談視
俗子

덕스러운 말은 고을 사람을 오히려 두렵게 하는구나 德
言猶足畏鄕人

왜 연꽃의 향기는
멀수록 맑을까?

주돈이의 「애련설」과 중부中孚괘

1

나 홀로 연꽃을 사랑하나니 予獨愛蓮之

진흙탕에서 피어났으나 오염되지 않고 出於淤泥而不染

맑은 잔물결에 씻기었으나 요염함을 자랑치 않는다

濯淸漣而不妖

가운데는 통하고 밖은 곧아서 中通外直

덩굴로 뻗지 않고 가지를 치지 않았다 不蔓不枝

향기는 멀수록 더욱 맑으며 香遠益淸

우뚝이 깨끗하게 서 있으니 亭亭淨植

멀리서 바라볼 수 있으나 함부로 가지고 놀 수는 없다

122

可遠觀而不可褻翫焉

주돈이周敦頤의 「애련설愛蓮說」이다. 주돈이의 자는 무숙茂叔이고 호는 염계선생濂溪先生이라고 한다. 북송오자北宋五子로 일컬어지며 송대 도학의 문을 연 사람이라고 평가받는다.

연꽃은 부용芙蓉이라 해서 불교와 관련된 꽃으로 알려져 있다. 부처님이 영축산靈鷲山에서 법회를 할 때 아무 말 하지 않고 연꽃을 한 송이 들고 있었다는 일화 때문이다. 흔히 염화미소라 하여 부처님의 깨달음을 상징한다.

그러나 연꽃이 오로지 불교와 관련된 것만은 아니다. 군자를 상징하는 꽃이기도 하다. 바로 주돈이의 이 애련시 때문에 그러하다. 웃지 못할 일화가 있다. 기독교 신자였던 김영삼 전 대통령 때의 일이다. 연꽃이 불교와 관련된다고 해서 독립기념관이나 경복궁 경회루에 있던 연꽃을 모두 들어낸 적이 있다.

경악할 일이다. 경회루뿐 아니라 사대부 집 정원의 연못에 있는 연꽃은 불교를 상징하지 않는다. 오히려 군자를 상징한다. 주돈이는 국화가 은일자를 말하고 모란꽃은 부귀를 뜻하며 연꽃은 군자의 모습이라고 했다.

북송 시대 시인인 황정견黃庭堅은 주돈이를 "이름을 날리는 것에는 욕심이 없었으나 자신의 뜻을 지키는 데에는 치밀했으며, 자신의 복을 구하는 것에는 야박했으나 사람들의 마음을 얻는 데에는 지극하였다廉於取名而銳於求志, 薄於徼福而厚於得民"고 평했다. 또한 "마음속이 시원시원하고 담백한 것이 마치 맑은 날의 바람과 비 갠 날의 달빛과 같다胸懷灑落如光風霽月"고 했다.

여기서 맑은 날의 바람과 비 갠 날의 달빛을 뜻하는 '광풍제월光風霽月'은 우리나라 곳곳의 유적지에 담겨 있는 말이다. 대표적으로 담양에 양산보梁山甫가 지은 소쇄원瀟灑園이 있다. 소쇄란 기운이 맑고 깨끗하다는 뜻이다. 이 소쇄원에 광풍각光風閣과 제월당霽月堂이 있다. 모두 주돈이와 관련된다.

연꽃은 그렇게 진흙탕에서 피어났으나 그 진흙탕에 더럽혀지지 않았다. 자신의 아름다움을 맑고 깨끗하게 꽃 피워냈지만 그 아름다움을 요사스럽게 드러내지도 않는다. 주돈이는 연꽃의 특성을 세 가지로 묘사한다. 첫째, "가운데는 통하고 밖은 곧다". 둘째, "덩굴로 뻗지 않고 가지를 치지 않는다". 셋째, "향기는 멀수록 더욱 맑다".

덩굴로 뻗지 않고 가지를 치지 않는다는 것은 인간관계를

고려시대에 만들어진 연꽃 모양 청동 병향로, 높이 14.7cm, 국립중앙박물관 소장

복잡한 이해관계와 사사로운 정으로 파당 짓고 무리를 짓지 않는다는 말이다. 간결하고 담백한 삶을 일컫는다. 연꽃의 줄기는 텅 비어 있지만 밖은 굳세고 곧다. 텅 비었으면서도 굳센 모습은 어떻게 이해할 수 있을까? 향기는 가까이 맡을수록 더 진하게 느껴지는 법이다. 그런데 왜 멀수록 맑다는 것일까?

2

꽃뿐만 아니라 사람에게도 향기가 있다. 군자의 덕은 향기가 난다. 연꽃이 상징하는 덕은 가운데가 텅 비어 있지만 밖은 굳세고 곧다는 것이다. 그리고 그 향기는 멀수록 맑다. 군자가 이룬 덕의 모습과 그 덕의 영향력을 상징한다.

『주역』의 예순한 번째 괘는 중부中孚☲☱괘다. 바람을 상징하는 손巽☴괘가 위에 있고 연못을 상징하는 태兌☱괘가 아래에 있다. 중부괘는 진실한 믿음을 상징한다. 진실한 믿음의 영향력에 관한 괘다.

예순 번째 괘는 절節☵☱괘다. 절節이란 절도와 절개다. 절개 있는 행동은 반드시 자기 믿음을 가지고 행하되 일관된 지속성으로써 변치 않아야 사람을 감동시킬 수 있다. 중부괘가 절괘 다음으로 이어지는 이유다. 진실한 마음이 바깥에 영향을 미쳐서 사람들의 신임을 얻는 모습이다.

중부괘의 괘 모습☲을 유심히 보라. 세 번째 삼三효와 네 번째 사四효는 음陰--효로 가운데가 텅 빈 모습이다. 그리고 이二효와 오五효는 양陽—효로 가운데에 자리하여 중심이 꽉 찬 모습이다. 정이천은 이렇게 설명한다.

> 안과 밖이 모두 견실하면서 가운데가 텅 비어 있으니 중부괘의 모습이다. (…) 가운데가 텅 비어 있는 것이 믿음의 근본이고, 중심이 꽉 찬 것이 믿음의 바탕이다.
>
> 內外皆實而中虛, 爲中孚之象. (…) 中虛, 信之本, 中實, 信之質.

"가운데는 통한다中通"는 것은 마음이 텅 빈 '허虛'를 말한다. 텅 빈 마음은 편견과 사심이 없는 것을 일컫는다. 편견과 사심을 버리기 위해선 먼저 자신의 편견과 사심이 어떠한지 알고 받아들여야 한다.

편견과 사심이 없어진 텅 빈 마음에서 공명정대한 지혜가 나오고 굳은 절개가 유지된다. "밖이 곧다外直"는 것은 꽉 차서 견실한 강직함이다. 명철한 지혜와 강직한 태도로 공명정대하게 행하는 모습이 군자다.

주돈이를 송대 도학의 문을 연 사람이라고 평가한 이유는 무엇일까? 그의 대표적인 저작은 『통서通書』다. 이는 '성誠'이라는 진실무망함의 소통에 관한 책이다. 근대의 문을 연 데카르트는 인간을 이성적 주체라고 선언했다. 한편 도학의 문을 연 주돈이는 누구나 성인聖人이 될 수 있다고 선언했다.

어떻게 성인이 될 수 있는가? 배움을 통해서 가능하다. 구체적인 방도는 있을까? 있다. 성인의 본질인 성誠에 이르는 방도가 이 중부中孚괘와 관련된다. 『통서』에서는 성인의 경지를 배울 수 있느냐고 질문하자 가능하다고 답한다. 그 요체는 마음이 하나에 이르는 것이다. 마음이 하나에 이른 상태는 다음과 같은 것이다.

사사로운 욕심이 없으면 마음이 고요히 텅 비지만 움직여 강직하다. 고요히 텅 비면 명철하게 되고, 명철하면 사리에 통한다. 움직여 강직하면 공정하게 되고 공정하면 사물에 두루 영향을 미친다. 명철하여 사리에 통하고 공정하여 사물에 영향을 두루 미치면 거의 성인에 가깝다.

無欲則靜虛動直. 靜虛則明. 明則通. 動直則公. 公則溥. 明通公溥. 庶矣乎.

주돈이가 연꽃의 모습을 묘사한 "가운데는 통하고 겉은 곧다中通外直"는 말은 바로 사리에 통한 냉정한 명철함과 세상을 올바르게 대하는 폭넓은 공정함을 뜻한다. 이러한 사람에게 향기가 나지 않을 수 있겠는가? 그런데 왜 멀수록 더 맑을까?

3

중부괘는 진실한 믿음과 그것이 사람들에게 미치는 신임 및 영향력을 상징하는 괘다. 중부中孚라는 글자에서 부孚는 발톱 '조爪'와 자식 '자子'에서 왔다. 그래서 마치 새가 날개로 알을 품고 있는 모습과 같다.

소동파는 새알이 부화하는 모습으로 해석하기도 한다. 자기 진실과 믿음은 알이 부화하듯이 안에서부터 소생하는 것이다. 이 진실한 믿음이 다른 사람의 신임을 얻어 영향력을 미칠 수 있으려면 고집스러운 자기를 깨고 나와야 한다.

중부괘에 달린 괘사는 이렇다.

진실한 믿음이 돼지와 물고기에게까지 미치면 길하니,
큰 강을 건너는 것이 이롭고 올바름을 굳게 지키는 것

이 이롭다.

돼지는 조급하며 어리석다. 물고기는 깊은 곳에 산다. 이런 미물에게까지 영향을 미칠 수 있는 덕에서는 어떤 향기가 날까? 향기는 가까이에서 맡아야 진한 향기가 난다. 진한 향기는 황홀하지만 순간적이다. 은은한 향기는 오래가며 멀리 간다. 중부괘의 두 번째 효는 이렇다.

구이효는 우는 학이 그늘에 있는데 그 새끼가 화답한다. 내게 좋은 술잔이 있으니 너와 함께 나누고 싶다.

그늘이란 어두운 곳이다. 아무도 알아주지 않는 외진 곳이다. 술잔은 작爵이다. 작위爵位를 뜻하기도 해 좋은 벼슬을 말한다. 외진 곳에 있는 사람인데도 그의 향기는 먼 곳까지 은은하게 퍼져나가 감동을 준다. 감동을 줄 뿐 아니라 좋은 벼슬을 나누어 함께 일하고 싶게 만든다.

사람들은 언제나 자신의 존재를 증명하여 인정받고자 한다. 사람들의 인정을 얻고 명성을 날리는 것이 성공의 증거다. 인정과 명성을 얻지 못하면 실패자이자 낙오자다. 그래서 사람들이 요구하고 환호하는 능력을 계발하려 하고 남의 시선을 의식하며 자신을 드러내려 한다.

그러나 남의 인정과 명성을 구하기보다는 눈에 보이지 않는 곳에서 실력을 쌓고 열정을 다하며 자신의 분야에서 성실하게 성과를 내는 사람도 있다. 이들은 소란스럽지 않다. 겸손과 자부심을 갖고 자신의 내면적 목표를 이루어낸다.

찬사와 환호를 받진 못하지만 만족감과 사명감을 갖고 있다. 남의 시선을 의식하지 않는다. 그럼에도 언젠가는 그 진실하고 신실한 이들의 믿음에 감복하는 사람들은 있게 마련이다. 이들은 자신이 하는 일을 통해서 인정받기보다는 자신이 좋아하는 일을 통해서 즐거움과 보람을 찾는다. 인정에 급급하다보면 요란스레 과장하는 조급함에 빠지게 된다.

중부괘 마지막 효에 '한음등천翰音登天'이라는 말이 있다. 여기서 한음翰音이란 닭 소리다. 『예기』에서도 닭을 한음이라고 했다. 닭 날갯짓 소리다. 그러나 정이천은 새가 나는 소리로 해석한다. 소리만 날 뿐 실속이 없다는 의미다. 실속은 없고 허장성세만 있으며, 내실은 없고 겉만 뻔드르르하게 꾸민 것을 말한다. 마지막 효의 「상전象傳」은 이렇다.

새 날갯짓 소리가 하늘에 오르니, 어찌 오래 지속하겠
는가.

翰音登于天. 何可長也?

　실속이 없는 과장된 명성만을 믿고 하늘 높이 날아오르려
는 욕심에 차 있다. 오늘날은 자기 홍보 시대다. 그만큼 경
쟁적이다. 이런 시대에는 실속 없이 과장된 경우가 많다. 자
신의 존재를 증명하기 위해 소란스레 아우성친다. 진한 향
수를 뿌리며 물량 공세를 퍼붓기도 한다. 그러나 이런 자기
과시가 얼마나 오래가며 또 얼마나 깊겠는가?

　　4
　연꽃의 향기는 진하지 않다. 은은하다. 하지만 멀리 간다.
맑은 물결에서 아름다운 연꽃을 피웠지만 자신의 요염함을
자랑하려 하지 않는다. 요사스럽지 않다. 지나치게 자기를
홍보하려는 과시욕은 자기 확신과 믿음이 없다는 것을 드러
내는 일인지도 모른다. 남의 인정과 찬사를 통해서 자존감
을 얻으려 하기 때문이다.
　향기는 멀수록 더 맑다는 말의 의미는 두 가지다. 첫째는

영향력의 거리다. 세상 사람들뿐 아니라 미물에게까지도 그리고 시대를 넘어 후손에게까지 은은한 향기를 내는 일이다. 두 번째는 향기를 맡는 거리다.

연꽃의 향기를 맡아서 가장 은은하게 느낄 수 있는 거리가 있는지도 모른다. 지나치게 가까워서도 안 되고 지나치게 멀어서도 안 된다. 연꽃의 향기인지는 알지만 향기가 가장 은은해지는 그 위치다. 바로 그곳에서 코로 맡는 향기는 맑다.

마찬가지로 남에게 자신의 향기를 드러내는 거리가 있다. 자신의 모든 것을 진하게 과시하려 할 때는 악취가 날 수 있다. 자기를 알아달라고 억지로 잘난 점을 주장하지 않더라도 고유한 향기를 은은하게 드러낼 수 있다. 인격이란 그런 것이다.

이러한 연꽃의 모습을 그린 화가는 많다. 그중 압권은 강세황이 그린 「향원익청香遠益淸」이다. 원래 제목은 없고 화제畫題만 있었는데 후대에 '향원익청'이라고 붙였다. 강세황의 그림 속에 나온 연꽃을 보고 있으면 정말 그림 밖으로 향기가 은은하게 배어나오는 느낌이 든다.

화제는 이렇다. "염계 선생께서 말씀하시기를, '연꽃은 멀리서 바라볼 수는 있으되 함부로 다룰 수는 없다'고 하셨는데, 나는 '그린 연꽃 역시 멀리서 보는 것이 좋다'고 하겠다.
표암濂溪先生謂蓮可遠觀不宜褻翫. 余則曰畵蓮亦宜遠觀焉. 豹菴."

강세황은 조선 후기 남종화풍을 주도한 사대부 화가다. 자는 광지光之이고 호는 표암豹菴, 첨재忝齋, 산향재山響齋, 노죽露竹이라 했는데 특히 표암이란 호를 즐겨 썼다. '표암'은 강세황이 태어날 때부터 있었던 등의 흰 얼룩무늬가 마치 표범 같다고 해서 붙여진 이름이다.

화제에서 자신이 그린 연꽃 역시 멀리서 보는 게 좋다고 한 것은 단지 그림을 감상하기 위해 거리를 두어야 한다는 뜻만이 아니다. 강세황은 자화상을 여러 점 그렸는데 그 가운데 70세에 그린 특이한 자화상이 있다.

특이한 이유는 옷은 평상복을 입고 있는데 머리에는 오사모라는 관모를 쓰고 있기 때문이다. 관모를 썼다면 관복을 입어야 하는데 평상복을 입고 있다. 마치 집에서 입는 운동복에 경찰모를 쓴 꼴이다. 그 자화상에는 스스로 써넣은 찬문贊文이 있다. 그 가운데 다음과 같은 유명한 구절이 있다.

머리에는 오사모 쓰고 몸엔 평상복을 걸쳤구나. 이로써 볼 수 있다네, 마음은 산림에 있지만 이름은 벼슬아치 명부에 있음을.

　강세황 자신은 출사한 사대부이지만 마음속엔 고고한 기품과 자유로움을 지니고 있음을 말하는 것이 아닐까? '덩굴로 뻗지 않고 가지를 치지 않은' 연꽃처럼 더러운 세속의 정치권에 살지만 이해득실에 얽매이지 않겠다는 고상함이다.

　진흙탕 속에서 자신만이 깨끗한 척 과시하는 사람과는 달리 '멀리서 바라볼 수 있지만 함부로 다룰 수 없는' 거리를 유지하는 꼿꼿함이기도 하다. 그것은 진흙탕과 같은 세속과의 거리다. 은은한 향기가 퍼지는 거리이기도 하다.

왜 텅 빈 평상에서
혼자 흰 구름과 기약했을까?

왕유의 「조추산중작」과 돈오頓悟

1

재주 없어 밝은 세상에 누가 되기 싫어 無才不敢累明時

동쪽 냇가로 돌아가 고향 울타리 지키리라 思向東溪守故籬

상평이 자식 혼사일 일찍 마친 것 싫지 않으나 不厭尙平
婚嫁早

도연명이 관직을 늦게 버린 일이 도리어 싫더라 却嫌陶
令去官遲

초당에 귀뚜라미 소리 임박한 가을에 더욱 절박하고
草堂蛩響臨秋急

산속 매미 소리 박명의 저녁에 더욱 슬퍼진다 山裏蟬聲

136

薄暮愁

적막한 사립문에 사람은 찾지 않으니 寂寞柴門人不到

텅 빈 평상에서 혼자 흰 구름과 기약하노라 空林獨與白

雲期

왕유王維의 「이른 가을 산속에서 짓다早秋山中作」라는 시
다. 세상에 누가 되기 싫어 고향에 은둔한 사람의 쓸쓸한 심
사를 묘사했다고 평가된다. 과연 그럴까? 단지 산림에 숨어
지내는 은둔자의 즐거움을 묘사한 시가 아니다. 나는 왕유
의 복잡한 심사에 대해 말하고 싶다. 『채근담』에는 이런 말
이 있다.

산림에 숨어 사는 즐거움을 말하는 사람은 아직 산림의
참된 정취를 깨닫지 못한 것이고, 명예와 이득을 말하
는 것을 혐오하는 사람은 아직 그 마음이 명예와 이득
의 집착을 완전히 잊지 못한 것이다.
談山林之樂者, 未必眞得山林之趣, 厭名利之談者, 未必盡忘名利
之情.

당연한 것은 말할 필요가 없다. 당연하다고 믿고 있으며 그

믿음조차 의식되지 않은 일에 대해서는 말할 필요가 없다. 말할 필요조차 느끼지 못한다. 행복한 사람은 행복에 대해 말하지 않는다. 결핍된 것이 의식되고 그래서 말하게 된다.

그렇다면 산림에 숨어 사는 즐거움을 타인에게 말하려는 것은 그 즐거움의 결핍이 의식되었다는 것이다. 그래서 말을 통해 타인으로부터 확인받고자 하는 은밀한 두려움이다. 그러므로 참된 정취를 모르는 사람이다.

마찬가지다. 명예와 이득을 말하는 것을 혐오하는 사람이 가진 혐오는 어떠할까? 미세할지라도 명예와 이득에 대한 욕망을 스스로 의식했기 때문에 혐오한다는 감정을 스스로 만들어내서 스스로 의식한 욕망을 부정하려는 것이다. 그러므로 집착을 완전히 잊지 못한 것이다.

반대의 논리도 가능하다. 산림의 즐거움을 말하지 않는 이는 그 즐거움을 모르는 사람일 수도 있다. 말하지 않는 것이 아니라 모르기 때문에 말하지 못하는 것이다. 세속의 명예와 이득을 혐오하지 않는 사람도 마찬가지다. 혐오하지 않기 때문에 당연히 집착하고 좋아한다.

이것은 형식 논리가 아니다. 현실 논리다. 산속의 즐거움을 말하지 않는 사람이라고 해서 모두 산림의 참된 정취를 아는 것은 아니다. 그러나 산림의 즐거움을 다른 사람에게 자랑인 듯 내세우는 사람은 산림의 참된 정취를 모르는 경우가 많다.

세속의 명예와 이득을 혐오하지 않는 사람이라고 해서 모두 명예와 이득의 집착을 완전히 버린 것은 아니다. 그러나 세속의 명예와 이득을 혐오하는 감정을 다른 사람에게 드러나게 표시 내는 사람은 명예와 이득의 집착을 완전히 버리지 못한 경우가 많다.

즐거움을 의식하여 안다고 말해도, 즐거움을 의식하지 못하여 알지 못하더라도 산림의 즐거움을 모르기는 매한가지 아닌가? 세속의 명예와 이득의 문제점을 의식하여 혐오해도, 세속의 명예와 이득의 문제점을 의식하지 못하여 혐오하지 않더라도 세속의 명예와 이득에의 집착을 완전히 버리지 못한 것은 매한가지다.

왕유가 말하는 "텅 빈 평상에서 혼자 흰 구름과 기약하려는" 마음속에는 이러한 모순된 논리가 감춰져 있는 것이 아닐까?

2

상평이란 후한 시대 상자평尙子平을 말한다. 그는 은거하며 벼슬길에 나아가지 않았던 사람이다. 자식이 모두 결혼하자 세속에 대한 미련을 버리고 친구들과 오악의 명산을 유람했는데 끝내 그가 어디에 가서 일생을 마쳤는지 알지 못했다.

도연명은 어쩔 수 없이 가족을 부양하기 위해 벼슬길에 올랐지만 허세를 부리는 소인배들에게 허리를 굽힐 수 없어 은둔하여 농사를 지었다. 모두 세속 정치를 혐오하여 은둔을 택한 사람들이다.

은둔할 수밖에 없어서 은둔했지만 오히려 더 서러운 건 어쩔 수 없다. 귀뚜라미 소리는 가을이 오려는 쌀쌀함 때문에 더욱 절박하다. 매미 소리는 저녁이 깊어지는 어둠에 더 더욱 슬퍼진다. 여기서 묘사되는 '임박한 가을'과 '박명의 저녁'은 모두 따뜻한 양의 기운이 잦아들고 쌀쌀한 음의 기운이 성해지는 때다.

이러한 시기를 상징하는 괘가 『주역』에 있을까? 물론 있다. 스물세 번째 괘인 박剝괘☶☷다. 산지박山地剝으로 읽는다. 괘의 모습이 산을 상징하는 간艮☶괘가 위에 있고 땅을 상징하는 곤坤☷괘가 아래에 있기 때문이다.

괘의 모습을 자세히 보라. 하나의 양—효가 가장 위에 있고 다섯 개의 음--효가 그 아래에 있다. 음이 아래에서부터 생겨나서 점차 자라나 극성한 형세로 발전하면서 하나의 양마저 몰아내려 하는 형세다. 양의 기운이 소멸되고 있는 때다. 소인의 세력이 군자를 박해하는 상황을 상징하기도 한다.

박괘는 깎여서 양이 소멸되는 상황을 상징한다. 양의 세력이 깎여 소멸되는 모습을 박괘는 무엇으로 상징하고 있을까? 평상을 뜻하는 '상牀'으로 묘사한다. 왕유가 말하고 있는 텅 빈 평상도 '상'이다. 박괘의 첫 번째, 두 번째, 네 번째 효에는 모두 평상이 상징으로 사용된다. 예를 들면 첫 번째 효에 나온 말은 이렇다.

초구효는 평상을 깎되 다리로부터 시작하니, 올바름을 없애서 흉하다.

初九, 剝牀以足, 蔑貞凶.

이렇게 평상이 다리에서부터 점차로 깎여 없어지는 상황이 박괘가 상징하는 때다. 소인들이 득세하는 때다. 평상이 모두 깎여 없어진 때다. '텅 빈 평상'이다. 이런 때에는 소인들의 박해를 피해 은둔하는 수밖에 없다.

『주역』에는 은둔을 상징하는 괘가 있다. 서른세 번째 돈遯괘다. 천산돈天山遯이라고 한다. 괘의 모습이 하늘을 상징하는 건乾≡괘가 위에 있고 땅을 상징하는 간艮≡≡괘가 아래에 있기 때문이다. 아래의 산은 하늘을 능멸하려고 솟아오르지만 하늘은 위로 떠나가려 하니 서로 어긋나서 물러나는 모습이다.

은둔은 세속을 피해 물러나는 일이지만 단지 세상에 대한 분노나 혐오 때문에 피하는 것만은 아니다. 남송 시대 성재誠齋 양만리楊萬里는 돈괘에 대해서 이렇게 말하고 있다.

내가 『역』을 읽다가 돈괘에 이르러 탄식하며 '돈괘에서 성인의 마음을 보았다'고 했다. 성인의 마음은 어디에 있는가? 천하에 있지 일신에 있지 않다.
吾讀易至遯而嘆曰遯其見聖人之心乎! 聖心焉在, 曰在天下而不在一身.

세속이 싫어서 은둔하는 것은 일신의 안일을 구하기 위함이 아니다. 그래서 은둔하더라도 마음은 천하에 있다. 그러니 어디로 은둔하든 천하에 대한 근심이 없겠는가? 돈괘의 「단전」은 이렇게 설명한다.

강직함을 지위에 합당하게 행하여 사람들과 함께 호응

하니, 때에 따라서 행하는 것이다.

剛當位而應, 與時行也.

　소인들이 득세할 때 무모하게 대항하기보다는 한걸음 물러나 형세를 파악하고 진영을 다시 갖춘 뒤 후일을 도모하는 것이 현명하다. 움츠러드는 것이 비겁하고 어리석은 일만은 아니다. 주목할 말은 때에 따라서 행한다는 부분이다.
　은둔한다는 것은 부패한 세상을 포기하는 일이 아니다. 운둔해서 세상에 무관심하며 아무런 일도 취하지 않는 것 또한 아니다. 부패한 세상을 되돌릴 수 있다면 사소한 일일지라도 차근차근 해나가야 하는 것이다.
　때에 따라서 행하는 것이다. 은둔하지 말아야 할 때 은둔해버리면 자신의 뜻을 펼칠 수 없다. 은둔해야 할 때 은둔하지 않으면 해를 당할 수 있다. 은둔할 만한 때라면 은둔하는 것이 좋다. 그러나 은둔했다고 해서 천하에 대한 근심이 사라지진 않는다. 왕유는 왜 음의 기운이 성대해지는 쌀쌀한 때에 텅 빈 쓸쓸한 평상에서 혼자 흰 구름과 기약했던 것일까?

3

성공에 이르는 지름길이라는 뜻의 '종남첩경終南捷徑'이라
는 말이 있다. 종남은 종남산을 말한다. 왕유도 종남산에 집
을 지어 은거했다. 왕유의 「종남별업終南別業」이란 시가 있
다. 종남산의 별장이란 뜻이다.

중년에 자못 도를 좋아하여 中歲頗好道

만년에 종남산 기슭에 집을 지었다 晚家南山陲

흥이 나면 매양 홀로 거닐며 興來每獨往

좋은 일은 나만이 안다 勝事空自知

가다가 물길 다하는 곳 이르면 行到水窮處

앉아서 구름 일어나는 때를 바라본다 坐看雲起時

우연히 숲속의 늙은이 만나 偶然值林叟

애기하고 웃으며 돌아가려는 기약을 잊는구나 談笑無還期

북송의 소동파는 왕유의 작품을 보고 "시 속에 그림이 있
고 그림 속에 시가 있다詩中有畫, 畫中有詩"고 평했다. 왕유
는 남송화로 유명하기도 했지만 그의 시는 많은 화가의 그
림 소재가 되기도 했다.

그림을 보고 시를 지은 경우도 있고 시를 읽고 그림을 그

리는 경우도 있다. 시를 읽고 그림을 그린 것을 시의도詩意圖라고 한다. 왕유의 「종남별업」 구절 가운데 특히 "가다가 물길 다하는 곳 이르면, 앉아서 구름 일어나는 때를 바라본다"는 구절은 중국과 조선에서 여러 화가가 화제로 삼았다.

윤두서나 정선뿐만 아니라 홍대연도 화제로 삼고 있다. 중국 남송대 마린馬麟의 「좌간운기도坐看雲起圖」라는 작품이 있다. 미국 클리블랜드 박물관에 소장되어 있다는데, 바로 「종남별업」을 소재로 그렸다.

마린의 「좌간운기도」는 양면으로 구성되어 있는데 오른쪽에는 마린의 그림이 있고 반대쪽에는 당시 황제였던 송나라 제5대 이종理宗 황제가 직접 쓴 구절이 있다. '가다가 물길 다하는 곳 이르면, 앉아서 구름 일어나는 때를 바라본다'는 구절이다. 바로 내가 주목한 구절이다. 무엇을 의미할까?

걷다가 물이 궁해지는 곳이란 부패한 세상에서 자신의 뜻을 펼치지 못한 때를 상징하는 것 아닐까? 그럴 때 은둔해서 조급하게 굴지 않고 앉아서 구름이 일어나는 때를 바라본다. 구름이 일어나는 때란 무엇을 암시할까?

왕유는 '반관반은半官半隱'으로 유명하다. 벼슬하면서도 은거한다는 뜻이다. 몸은 비록 벼슬을 하지만 마음은 오히려 세상을 초탈해 있다. 왕유도 벼슬을 거부한 사람은 아니

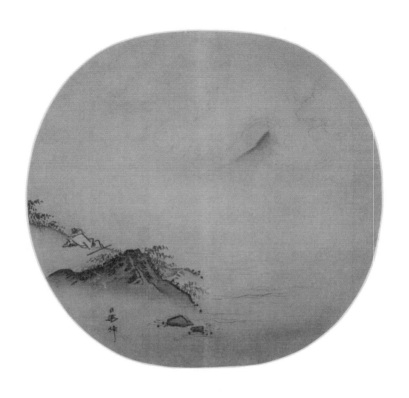

마린의 「좌간운기도」 오른쪽 면

다. 그 역시 벼슬을 원했다.

『주역』에서 구름은 음과 양이 만나는 것을 상징한다. 건괘 「문언전文言傳」에는 이런 표현이 있다. "구름이 몰려들어 비가 내리니, 세상이 평화롭다雲行雨施, 天下平也." 먹구름이 와야 비가 내릴 수 있다. 때에 맞게 단비가 내려 조화를 이룬다.

"앉아서 구름 일어나는 때를 바라본다"는 것은 다시 세상에 나가 자신의 뜻을 펼칠 재기再起의 기회를 본다는 의미가 아닐까? 운기雲起란 재기再起다. 재기할 때를 기다리고 있는 것이다.

다음 구절은 그래서 이해된다. "얘기하고 웃으며 돌아가려고 기약했던 일을 잊는다네." 돌아가려고 했던 기약이란 은둔에서 다시 세상으로 돌아가 자신의 뜻을 펼치려 했던 기약을 의미한다.

그렇다면 「이른 가을 산속에서 짓다」라는 시에서 '텅 빈 평상에서 혼자 흰 구름과 기약했던' 것은 당연히 음과 양이 만나 조화를 이루어 세상이 필요로 하는 단비를 내릴 수 있도록 세상에 나아가 자신의 뜻을 펼치는 일이다.

두보가 시성이고 이백은 시선이라면 왕유는 시불詩佛이라고 칭한다. 시성 두보는 유가 사상을 지니고 우국충정의 심정으로 고통에 신음하는 백성을 노래했다. 시선 이백은 도가 사상을 따른 낭만시의 대가다. 고뇌와 시름을 호방한 필치와 낭만적인 서정으로 읊어냈다.

　반면에 시불 왕유는 불교 사상을 지닌 자연시의 대가다. 뜻을 얻지 못한 세속적인 고뇌를 초탈하는 정서를 초연하게 묘사한다고 평가한다. 그렇다 해도 왕유는 끝끝내 세상으로 돌아가 자신의 뜻을 펴려는 기약을 잊지 못했던 것은 아닐까? 강호가 싫어서 은둔한다고 하지만 어디를 간들 강호가 아니겠는가?

왜 자신을 알아주는 이가
적다 하지 말라 했을까?

왕유의 「송기무잠낙제환향」과 진<ruby>晋</ruby>괘

1

태평성세라 은둔자 없으니 聖代無隱者

뛰어난 인재 모두 조정에 모이네 英靈盡來歸

동산의 은자 같던 자네도 遂令東山客

고사리 캘 생각 그만두었구나 不得顧采薇

이미 궁궐에 이르는 것 멀어졌으나 旣至金門遠

누가 우리의 이상이 잘못되었다고 하는가! 孰云吾道非

장강과 회수에서 보낸 한식 江淮度寒食

낙양에서 입은 봄옷 京洛縫春衣

오늘 장안길에 송별주 마련하고 置酒長安道

149

마음 맞는 그대와 헤어지겠지 同心與我違

이제 노 저어 저 배 띄워 보내면 行當浮桂棹

머지않아 고향집 사립문을 열리라 未幾拂荊扉

저 멀리 숲속엔 배 위의 나그네 걸려 있고 遠樹帶行客

쓸쓸한 고성엔 저녁 노을빛 비끼더라 孤城當落暉

우리의 식견이 나라에 쓰이지 않았다 하여 吾謀適不用

세상에 자신을 알아주는 이 적다 하지 말게나 勿謂知音稀

왕유王維의 「송기무잠낙제환향送綦毋潛落第還鄉」이란 시
다. 「낙제하고 귀향하는 기무잠을 전송하며」라는 뜻이다. 기
무잠綦毋潛은 성이 '기무'이고 이름이 '잠'이다. 자는 효통孝通
이며 형남荊南 사람이다. 당나라 초기 왕유와 동시대 시인이
자 친구였다.

이 시는 과거에 떨어져 고향으로 돌아가는 친구 기무잠
을 송별하면서 쓴 것이다. 낙방한 기무잠을 위로하는 시다.
'우리의 이상이 잘못되었는가?'라는 공자의 말을 인용했듯이
기무잠이 낙방한 것은 그에게 학식이나 재능이 없기 때문은
아니다. 실제로 기무잠은 훗날 과거에 합격하여 진사進士가
되었다고 한다.

훌륭한 덕을 지녔다고 해서 반드시 인생에서 성공하지는

않는다. 아름다운 옥도 그것을 알아줄 사람이 없다면 쓸모 없다. 천리마도 백락이라는 말 감별사가 없었다면 시장 바닥의 수레나 몰 뿐이다. 귀명창이 없으면 명창도 없다.

주목할 부분은 태평성대에는 은둔자 없다고 하는 첫 구절이다. 난세에는 현자들이 은둔하고 태평성대에는 현자들이 조정에 모여든다는 것은 중국 고전에서 흔히 볼 수 있는 대비다. 『논어』에서도 이러한 대비가 나온다.

위태로운 나라에는 들어가지 않고 어지러운 나라에는 살지 않으며, 천하에 도가 있으면 나타나 벼슬하고, 도가 없으면 은둔한다.

危邦不入, 亂邦不居, 天下有道則見, 無道則隱.

부패한 세상으로부터 도피하는 것이 비겁한 일만은 아니다. 극단적인 상황에서 지식인들이 취할 수밖에 없는 소극적인 저항이기도 했다. 조정에는 간신과 탐욕스런 관리들만 있고 재야에 현자가 많다는 것은 그 세상이 무도하고 부정의한 세상이라는 증거이기도 하다.

그러나 은둔만이 능사는 아니다. 정의로운 세상이라면 적극적으로 자신의 능력을 펼쳐야 한다. 태평성대인데도 은둔한다는 고결한 정신은 자신의 무능력을 감추려는 합리화일 수도 있다. 세상을 혐오하는 외로운 고집이기도 하다.

2

출사와 은둔은 고대 지식인들에게서 중요한 문제였다. 그러나 이것이 단순한 이분법은 아니다. 출사할 때라면 출사해야 하고 은둔할 때라면 은둔해야 한다. 그런 까닭에 공자의 다음과 같은 말은 의미심장하다.

> 나라에 도가 있을 때에는 가난하고 천한 것이 부끄러운 일이며, 나라에 도가 없을 때에는 부하고 귀한 것이 부끄러운 일이다.
>
> 邦有道, 貧且賤焉, 恥也, 邦無道, 富且貴焉, 恥也.

정의로운 나라에서 자신의 능력을 세상에 펼치지 못하는 것이 지식인으로서는 부끄러워할 일이다. 능력을 펼쳐서 부귀를 얻더라도 부끄러운 일이 아니다. 그러나 정의롭지 못한 권력 아래에서 부귀를 얻는 것은 부끄러운 일이다. 정의롭지 못한 권력과 결탁하여 불의한 방법으로 얻었을 게 뻔하기 때문이다.

태평성대에는 현자들이 모두 조정에 나가려고 한다. '동산의 은자 같던 자네도 고사리 캘 생각 그만두었구나'라는 말에서 '동산의 은자'는 '동산재기東山再起'로 유명한 동진東晉 시대의 사안謝安이다.

사안은 뛰어난 재능을 지녔다. 그러나 조정의 부름에 응하지 않고 회계會稽의 동산에 집을 짓고 은둔생활을 하면서 왕희지, 지둔支遁 등과 교류하며 풍류를 즐겼다. 세상이 혼탁하여 출사하기에 마땅치 않다고 생각했기 때문이다.

그는 40세 되던 해에 문벌 세력을 평정한 환온桓溫이 출사를 권하자 사마의 직책을 맡았다. 하지만 환온이 제위를 넘보자 이를 제지하고 관직에서 물러났다. 효무제孝武帝가 즉위한 뒤 사안은 재상이 되었다. 당시 북쪽에서는 전진前秦의 왕 부견苻堅이 천하통일의 야심을 달성하기 위해 백만 대군을 이끌고 동진을 공격했다. 이때 사안은 부견의 백만 대군을 격파하여 동진을 위기에서 구해냈다.

사람들은 이를 가리켜 '동산재기'라고 했다. 한번 실패했던 사람이 재기에 성공한 경우 이 말을 쓰기도 한다. 동산에 은거한 사안은 아직 때가 아니었으므로 은둔했을 뿐이다. 사안은 때를 기다리며 재기하려고 은둔했던 것이지 세상을 부정하며 피하려고 은둔했던 것은 아니다.

동산의 은자와 같았던 기무잠도 당연히 태평성대라면 출사하러 세상으로 나올 것이다. 태평성대에 과거시험을 치르려고 상경한 친구 기무잠을 왕유인들 탓할 순 없다. 그러나 급제하지 못한 친구에게 무어라 위로할 것인가?

과거에 급제하지 못한 것은 기무잠이 가졌던 뜻과 이상이 잘못되었기 때문이 아니다. 왕유는 자신을 알아주는 사람인 '지음知音'이 적다고 한탄하며 불평하지 말라고 충고한다. 왕유의 마지막 말 "세상에 자신을 알아주는 이 적다 하지 말라"는 말에 담긴 의미는 음미해볼 만하다.

3

세상에 명창이 없다. 이유는 귀명창이 없기 때문이다. '지음'이란 거문고의 명인 백아伯牙와 그의 음악을 알아준 친구 종자기鍾子期의 우정을 나타낸 말이다. 백아는 '백아절현伯牙絕絃'으로 유명하다. 자신을 알아준 종자기가 죽자 자신의 거문고 줄을 끊어버렸다는 이야기다.

그러나 '지음'이란 자신의 말할 수 없었던 속마음까지 알아주는 친구와의 관계에서만 성립되는 게 아니다. 예술 영

'백아절현'의 고사는 그림의 소재로 많이 이용되었다. 왕진붕王振朋의 「백아고금도권伯牙鼓琴圖卷」

역에서건 정치 영역에서건 학문 영역에서건 자신의 능력을 알아주는 사람이 없으면 능력을 펼칠 만한 자리를 얻을 수 없다.

돈키호테에게도 산초가 필요한 법이다. 명창이 없는 것이 아니다. 귀명창이 없어서 명창이 세상에 알려지지 못했을 뿐이다. 하지만 자신을 알아준 종자기가 죽자 백아가 거문고 줄을 끊었듯이 세상이 자신을 알아주지 않는다고 해서 세상과의 관계를 단절할 것인가? 단절할 필요까진 없다. 그렇게 세상을 냉정하게 외면하는 태도에는 그에 대한 분노와 혐오가 있다. 분노와 혐오만으로는 세상을 변화시킬 수 없다.

자기 PR의 시대다. 그러나 자신의 이상과 능력이 뛰어나다고 스스로 떠벌리고 다닐 수는 없다. 한편 이런 시대에 천리마를 알아주는 백락만을 넋 놓고 기다릴 수는 없다. 자신을 어떤 방식으로든지 표현해야 한다.

『주역』의 핵심적 문제는 무엇일까? 에티튜드attitude, 즉 태도의 문제다. 어떤 마음의 태도에 대한 문제다. 이것은 스탠스stance의 문제이기도 하다. 스탠스는 세 가지로 구별할 수 있다. 어시스턴스assistance, 리지스턴스resistance 그리고 디스턴스distance.

어시스턴스는 협력이고 리지스턴스는 저항이다. 협력할 것인가, 저항할 것인가? 부정의한 권력에 협력할 것인가, 저항할 것인가? 또 다른 하나로는 디스턴스가 있다. 거리 두기의 문제다. 거리를 둔다는 것은 무모한 저항도 아니고 비굴한 협력도 아니다. 교활하게 간을 보는 것도 아니고 냉정하게 외면하는 것도 아니다.

기다림이다. 때를 기다리는 것이다. 기다림이란 소극적인 방관이나 어리석은 기대가 아니다. 오히려 적극적으로 자신의 뜻을 올곧이 드러내는 일이며 현명하게 자신의 자존을 지키는 저항이다. 기다림이란 분노와 혐오로 가득한 조급함이 아니다.

기다리는 사람이 초초할까? 아니면 기다림을 당하는 사람이 초초할까? 어쩌면 초조해하는 사람이 지는 것인지도 모른다. 기다림은 초조함과 짜증이 가득한 조급함은 아니다. 현실에 기초한 믿음이다. 지성은 비관적일지라도 의지는 낙관적인 태도의 문제다.

『주역』의 두 번째 괘인 곤坤괘의 「문언전」에는 다음과 같은 구절이 있다.

하늘과 땅이 변화하면 초목이 번성한다. 하늘과 땅이

닫히면 현인이 숨는다. 『역』에서 "주머니를 묶으면 허물이 없으며 영예도 없다"고 한 것은 신중함을 말한 것이다.

"주머니를 묶으면 허물이 없으며 영예도 없다"는 것은 곤괘 네 번째 효의 말이다. 이 효는 군주와 가까운 거리에 있지만 서로 막히고 단절된 모습을 상징한다. "주머니를 묶는다"는 말은 입을 막고 자신의 능력을 감추라는 의미다. 당연히 허물이 없을 수 있지만 동시에 어떤 영예도 있을 수 없다.

신중하게 처신하라는 말이다. 성급하고 무모하게 저항하지 말며 그렇다고 초조하고 비굴하게 협력하지도 말라는 것이다. 신중함은 기다림이다. 때를 기다리는 것이다. 기회를 엿보는 것이기도 하다. 신중하게 물러서는 것은 세상을 피해 일신의 안일을 구하는 것이 아니다. 때를 기다리며 재기를 엿보는 기다림이다.

4

'무료불평無聊不平'이란 말이 있다. '회재불우懷才不遇'와 관련된 말이라고 한다. '회재불우'는 사대부가 세상을 다스릴 재주를 가졌는데도 자신의 재주를 알아주는 세상과 만나지 못했다는 뜻이다. 뜻과 능력이 있는데도 세상이 알아주지 않아 무기력과 좌절과 분노와 외로움이 쌓여 생기는 마음이 무료불평이다.

왕유가 기무잠에게 세상에 자신을 알아주는 이 적다고 하지 말라며 충고했던 것은 무료불평하지 말라는 것과 유사하다. 이 무료불평하지 않는 마음이란 어떤 것일까? 『주역』에서 태평성대에 조정에 나아가는 모습을 상징하는 괘가 있다. 서른다섯 번째 괘인 진괘다.

진晉☲☷괘는 화지진火地晉이라고 읽는다. 화火☲는 태양을 말하고 지地☷는 땅을 말한다. 해가 땅 위로 솟아올라 있다. 해는 무엇을 말하는가? 해가 군주라면 달은 신하다. 태양과 같은 현명한 군주가 땅 위로 떠올랐다.

태평성대다. 현자들이 조정에 나아가는 때다. 진괘는 출사와 나아감을 상징한다. 동산의 은자와 같았던 기무잠이 백이처럼 고사리 캘 생각을 버리고 자신의 뜻을 펼치기 위해 권력의 중심으로 나아가려고 하는 때다. 진괘의 첫 번째 효의 말은 이렇다.

초육효는 나아가거나 물러나는 데에 올바름을 얻으면 길하고, 믿어주지 않더라도 여유로우면 허물이 없다.

初六. 晉如摧如. 貞吉. 罔孚. 裕无咎.

초육효는 기무잠의 처지처럼 나아가려고 하지만 군주가 신임하지 못하는 상황을 상징한다. 군주로부터 인정을 받아 나아가지 못하더라도 정도를 지켜야 한다. 타인의 인정과 사랑은 구걸하는 것이 아니다. 인정을 받을 때도 정도를 지키면서 나아가고 받지 못했을 때도 정도를 지키며 물러난다.

초구효란 첫 번째 효이기 때문에 출사하여 나아가려는 시작을 상징한다. 아직 관직을 얻지 못해 조정에 나아가지 못한 상태이지만 나아가려는 의지는 가지고 있는 때다. 이러한 시기에 어떻게 군주의 믿음을 성급하게 구할 수 있겠는가? 성급하게 구하려 한다면 초조해질 뿐이다. 게다가 원한과 분노에 차서 불평하게 된다. 허물이 생긴다.

때문에 여유로우면 허물이 없다고 했다. '여유로움裕'은 자신의 뜻을 버리고 방만하게 단념하는 체념에서 나오는 여유가 아니다. 자기를 알아주지 않는 세상을 한탄하는 것도 아니고 오만하게 세상을 비웃으며 피하는 것도 아니다. 무료불평이 없는 것이다.

　무료불평이 없다는 것은 자신을 알아주지 않았다고 해서 냉정하게 포기하는 태도가 아니다. 알아주지 못한다고 스스로를 한탄하는 태도도 아니다. 무관심한 방관 또한 아니다. 재기할 기회를 엿보려는 낙관적 태도가 있다. 여유로움이란 세상에 대한 마지막 희망을 버리지 않는 기다림이다.

　자신을 알아주는 이가 적더라도 무료불평을 일삼지 말고 재기할 기회를 엿보며 기다리되, 초조해하거나 경거망동하지 말라. 초조함은 자신을 믿지 못하고 사람을 신뢰하지 못하여 세상을 믿지 못하기 때문에 생겨난다. 기무잠에게 "세상에 자신을 알아주는 이 적다 하지 말게나"라고 한 왕유의 심사는 이런 것이 아닐까? 초조함은 죄악이다.

왜 종일토록
봄을 찾아 산속을 헤맸을까?

작자 미상의 「오도시」와 복復괘

1

종일토록 봄 찾아 헤맸으나 봄은 보지 못했네 盡日尋春
不見春

짚신 해지도록 산봉우리 구름까지 뒤졌건만 芒鞋踏破嶺
頭雲畔

집에 돌아와 미소 지으며 매화 향을 맡으니 還來笑拈梅
花嗅

봄은 이미 가지 끝에 잔뜩 담겨 있었네 春在枝頭已十分

남송 시대 나대경羅大經의 『학림옥로鶴林玉露』에 나온 비구

니의 「오도시悟道詩」다. 오도는 도를 깨달았다는 뜻이다. 어떤 도를 깨달았다는 말인가? 나대경의 자는 경륜景綸이고 호는 유림儒林 혹은 학림鶴林이다. 『학림옥로』는 문인과 학자들의 글과 이야기를 수록한 문헌이다.

온종일 봄을 찾았건만 찾지 못한 실패와 좌절 끝에 다가온 기대하지 않은 이 발견은 무엇을 의미할까? 시에서 묘사된 사람은 봄을 맞이하고 싶은 마음에 온 산하를 헤매지만 찾지 못했다. 지쳐서 집에 돌아와 보니 그토록 찾아 헤매던 봄은 바로 집 매화나무 가지에 이미 와 있지 않은가. 그렇게도 애타게 찾았던 봄은 멀리 있는 것이 아니었다.

모든 것이 그러하다. 소중한 것이나 사람들이 그렇다. 행복이나 진리도 마찬가지 아닐까? 애타게 찾으려는 것은 늘 가까이 있었지만 우린 멀리서 찾으려 한다. 봄은 멀리 있는 것이 아니다. 이미 곁에 슬그머니 와 있었다. 단지 깨닫지 못할 뿐이다.

그러나 이 시는 단지 우리가 소홀히 하는 것들에 대한 소중함을 일깨우는 게 전부는 아니다. 매화 가지 끝에 담겨 있는 봄기운은 분명 모진 겨울을 견디고 소생하는 생명력이다. 이 생명력이 무엇을 의미하는가를 물어야 한다.

매화 가지 끝 봄기운에 관한 묘사는 다른 시에서도 동일

한 유형으로 반복된다. 예를 들어 정도전鄭道傳의 「매설헌도
梅雪軒圖」에서도 가지 끝에 핀 흰 매화를 통해 춘심春心, 곧
천심天心을 읽는다. 춘심이란 봄기운이 소생하는 것이다. 즉
생명력이다.

옛 동산 아득히 큰 나무에 그늘지고 故山渺渺橡章陰
온 땅에 바람 차고 눈마저 깊이 쌓였는데 大地風寒雪正深
창 앞에 고이 앉아 『주역』을 읽노라니 燕坐軒窓讀周易
가지 끝에 흰 것 하나, 천심을 보이네 枝頭一白見天心

『주역』을 읽는다는 말이 상징적이다. 단지 매화 가지 끝에
서만 춘심을 느끼는 것은 아니다. 김정희의 『난맹첩蘭盟帖』
에서 난을 친 그림 가운데에는 이런 화제가 적혀 있다.

눈이 쌓여 산을 뒤덮고 積雪滿山
강의 얼음은 난간을 이루었는데 江氷欄干
손가락 끝에 봄바람 이니 指下春風
이내 천심을 알겠구나 乃見天心

모두 동일하게 혹독한 겨울을 견디고 소생하는 춘심을 매

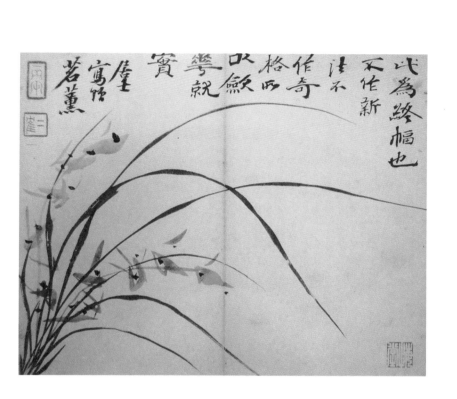

김정희의 「난맹첩」 중 「염화취실斂華就實」

화 가지 끝에서, 손가락 끝에서 느낀다. 미세하지만 생명력 가득한 춘심이다. 여러 시에서 이렇게 동일한 유형으로 반복되는 생명력 가득한 춘심은 바로 천심이다.

2

봄을 먼 곳에서 찾다가 실패했지만 봄은 집안 뜰 앞에 있었다. 수많은 실패와 시행착오를 겪은 뒤 다가온 뜻하지 않은 향기다. 실패는 실패일 뿐 죄악은 아니다. 실패는 인생사 누구든 겪을 수밖에 없는 필수 코스다.

실패하거나 과오를 범하는 것이 문제가 아니다. 실패와 과오를 겪고 나서 어떻게 이를 직면하는가가 문제다. 회복이 문제다. 이것이 먼 산속에서 온종일 찾지 못했지만 집으로 돌아와 매화 가지 끝에서 발견한 봄기운이다.

모진 겨울을 견디고 다시 살아나는 생명력의 회복을 상징하는 괘가 『주역』에 있다. 스물네 번째 복復괘다. 이것에 대해서는 중국 지식인들이 다른 괘보다 더 많이 논쟁했을 만큼 중요한 괘다. 복괘는 회복을 상징한다.

자연의 섭리는 오묘하다. 현대 과학에서 자연의 위대함은 복원성resilience에 있다고 한다. 생태계가 균형을 잃고 혼란하게 될 때 스스로의 복원력으로 균형을 이룬다. 자연은 결코 죽으려고 하지 않는다. 살려는 생명에의 의지가 가득하다. 생의生意라고 할 수 있다. 유학자들은 이 생의를 인仁이라고 불렀다. 그 인이 춘심이고 천심이다.

복復괘가 스물네 번째 괘라면 그 이전 스물세 번째 괘는 박剝☶☷괘다. 박剝은 소멸한다는 뜻이다. 균형이 무너져서 음의 기운이 자라나 생명의 기운인 양의 기운이 모두 없어지려는 때를 상징한다.

생명의 기운은 소멸될 리가 없다. 다시 아래에서 양의 기운이 올라오고 봄기운은 소생한다. 끊임없이 이 생명력을 소생시키려는 자연의 모습이 바로 '살리고 살리려는 도道'다. 『주역』에서는 이를 '생생지도生生之道'라고 한다. 복괘는 이 복원력을 상징한다.

복復☷☳괘는 지뢰복地雷復이라고 읽는다. 땅을 상징하는 곤坤괘가 위에 있고 우레를 상징하는 진震☳괘가 아래에 있기 때문이다. 복괘의 모습을 잘 보면 모두 음--효인데 가장 아래에서 양—효가 하나 불쑥 솟아올라 있다. 모진 겨울을 견딘 생명력을 상징한다. 복괘의 「단전」에서는 이렇게 말한다.

회복하는 곳에서 천지의 마음을 볼 것이다!

復，其見天地之心乎！

회복하는 곳에서 볼 수 있는 천지의 마음이 생의生意다. 이러한 복원력은 단지 자연의 생태계에만 있는 것이 아니다. 인간의 마음에도 당연히 있다. 단지 먼 곳에서 찾으려 할 뿐이다. 공자의 말처럼 "도는 사람에게서 멀리 있지 않다".

회복탄력성resilience이라는 개념이 있다. 이것이 곧 복원력이다. 회복탄력성은 역경과 실패에도 좌절하지 않고 오히려 더 높이 뛰어오를 수 있는 마음의 힘을 의미한다. 실패나 역경을 극복하고 일어선 사람들의 공통점은 회복탄력성에 있다. 시련을 극복하는 능력이기도 하다.

이제 지능지수IQ와 감성지수EQ에 이어 회복탄력성지수 RQ, Resilience Quotient를 말하기도 한다. 이것은 긍정적 정서와 타인과의 소통 능력이 핵심이다. 스스로의 감정과 충동을 잘 통제할 수 있는 자기조절력 및 주변 사람과 건강한 인간관계를 맺을 수 있는 대인관계력을 말한다.

좌절하거나 실패하는 것이 문제가 아니다. 관건은 좌절과 실패를 통해 무엇을 바라보는가다. 좌절과 실패 후에도 종일토록 봄 찾아 헤매고 돌아온 집 앞의 매화 가지에 담긴 봄기운처럼 생명에의 의지가 가득하다면 좌절과 실패는 아무런 문제도 아니다. 그것이 자연의 복원력이다. 복괘의 첫 번째 효의 말은 이렇다.

초구효는 머지않아 회복하는 것이니 후회에 이르지 않아서 크게 길하다.

初九. 不遠復. 無祗悔. 元吉.

머지않아 회복한다는 말은 어떻게 이해할 수 있을까?

3

인간은 완전하지 않다. 완전함을 기대하거나 강요하는 것은 폭력이 될 수 있다. 오히려 인간의 취약성을 인정하고 이해해야 한다. 문제는 취약성과 불완전함이 아니다. 그것에 어떻게 대처하는가다.

휴리스틱heuristic이란 개념이 있다. 인간은 완벽하게 이성적인 동물이 아니다. 합리적인 판단을 할 근거가 되는 모든 정보를 알 수도 없다. 정보의 부족과 시간상의 제약 때문에 모든 것을 고려해서 완벽하게 의사결정을 하진 못한다. 그런 까닭에 빠르면서도 현실적인 해답을 택한다. 이것이 바로 휴리스틱 접근법이다.

사람은 언제나 빠르고 쉬운 길을 택한다. 당연히 때로는 터무니없거나 편향된 결과를 가져온다. 편향될 수밖에 없는 것이 인간이다. 인간은 어쩌면 이러한 휴리스틱에 의한 편견과 편향 속에서 삶을 사는 것인지도 모른다. 완벽할 수 없다. 실패와 실수는 당연하다.

젊음의 특권은 실수를 망설임 없이 저지르는 데 있다. 그러나 동일한 실수를 두 번 반복하지 않는 것이 의무다. 문제는 실패가 아니라 실패의 원인과 결과를 냉정하게 이해하고 받아들이는 능력이 더욱더 중요한 사안이다.

실패에 직면하는 태도는 두 가지로 구별할 수 있다. 하나는 과거의 실수에 미련을 갖는 후회. 그때 그것과는 다르게 행했다면 어떠했을까, 그렇게 하지 말고 이렇게 해야만 했는데라고 강박증을 가지면서 과거의 실수를 실수로서 인정하지 못한다. 잊지 못하고 집착하는 것이다.

또 다른 태도는 자신의 실수를 실수로서 인정하고 직면하는 후회다. 실수의 원인과 결과를 이해하고 받아들인다. 반복해서는 안 된다고 다짐한다. 이 두 가지는 전혀 다른 태도다. 전자는 과거에 대한 미련과 아쉬움을 갖는 반면 후자는 과거를 인정하고 집착하지 않는다. 전자는 자학과 우울증에 빠질 수도 있다.

"머지않아 회복한다"는 말은 과거의 실수를 인정하고 그에 집착하지 않기 때문에 회복탄력성을 발휘하는 것이다. 또한 사소한 실수가 과도한 실수로 변화되기 전에 먼저 단호하게 인정하고 개선하는 일이기도 하다.

그러나 인간은 그렇게 강인하지 못하다. 인간은 과거의 실수를 냉정하게 망각할 정도로 강하지는 못하다. 복괘에서는 그렇게 강하지 못한 인간에 대한 상징도 있다. 세 번째 효의 말이다.

육삼효는 자주 회복함이니, 위태로우나 허물은 없다.
六三, 頻復, 厲無咎.

'빈복頻復'이다. 빈번한 회복이다. 빈번하게 회복한다는 것은 그만큼 빈번하게 실패한다는 말이다. 사람들은 동일한 실수를 두 번 반복하지 않을 정도로 강인하지 못하다. 두 번, 세 번 동일한 실수를 되풀이할 수도 있는 동물이다. 그럼에도 다시 살아야 한다는 춘심春心을 잃지 않는 동물이기도 하다.

빈번하게 실패하여 빈번하게 회복하기 때문에 위태롭기
는 하다. 『주역』이 주는 충고는 의외다. 그를 실패한 사람이
라고 말할 수는 없다. 다시 빈번하게 회복하기 때문에 허물
이 없다. 성공이 중요하지 않다. 불가능한 일에 얼마나 멋지
게 실패하고 실패를 통해서 춘의春意를 느끼느냐가 중요하
다. 위태롭지만 허물은 없다.

　성공한 사람은 어제의 실패자였을 뿐이다. 그러므로 우리
에게 필요한 것은 그저 지속적으로 실패하는 일이다. 실패
하더라도 다시 회복하는 일이다. 사무엘 베케트는 "다시 시
도하라. 또 실패하라. 더 낫게 실패하라"고 했다. 우아한 실
패는 여한이 없다. 여한 없이 아름다운 죽음만이 이제 남아
있는 가장 우아한 성공인지도 모른다.

왜 돌아가는 기러기를
떠나보내는 것이 어려웠을까?

혜강의 「증수재입군」과 점漸괘

1

돌아가는 기러기를 눈으로 떠나보내며 目送歸鴻

손으로 다섯 현 거문고를 탄다 手揮五弦.

우주를 바라보며 자족하고 俯仰自得

현묘한 자연 속에서 내 마음이 노닌다 遊心太玄.

혜강嵇康의 「증수재입군贈秀才入軍」이란 시의 한 구절이
다. 형인 혜희嵇喜가 사마소 휘하의 군대에 들어가자, 혜강
이 형에게 보낸 시다. 처음 이 시를 읽었을 때는 별 감흥이
없었다. 흔하디흔한 중국 산수화를 떠올렸을 뿐.

혜강의 자는 숙야叔夜다. 훤칠한 키에 전형적인 미남이었다. 위魏나라의 유력 가문에서 태어나 전통적인 교육을 받았고, 위 종실의 사람과 결혼해서 중산대부中散大夫에 임명되었다.

흔히 혜강에 대해 아무것에도 거리낌 없는 호방한 성격과 초탈한 풍모를 가졌다고 평가한다. 정치에는 관심도 없이 술과 음악을 즐겼고, 세속을 피해 고상하며 현묘한 자연의 경지에서 노닐었다고 생각한다.

물론 혜강의 시에도 이런 세속에 대한 혐오감이 드러난다. 그러나 나는 세상을 혐오하고 도피하려는 그의 위태로운 고결함을 생각한다. 고독하고 도도한 심사에 감춰진 불안한 흔들림 같은 것 말이다.

이 시 또한 많은 화가가 화제로 삼았다. 문인화풍을 이은 명나라 오파吳派의 한 사람인 육치陸治가 그린 '정금停琴'이 있다. 바로 혜강의 위의 시를 정확하게 묘사하고 있다. '정금'이란 '거문고를 멈추고'라는 의미다. 왜 거문고를 멈추고 돌아가는 기러기를 눈으로 떠나보내는 모습으로 혜강의 시를 묘사했을까?

동진東晉 시대의 화가 고개지顧愷之는 혜강의 시를 좋아했다. 고개지는 혜강의 시 구절을 가지고 그림 그리는 일의 어

이경윤, 「관안도觀雁圖」, 비단에 먹, 31.1×24.8cm, 고려대박물관 소장

려움에 대해서 묘사한 적이 있다. "손으로 거문고를 타는 것을 묘사하기는 쉽지만, 돌아가는 기러기를 눈으로 떠나보내는 것을 묘사하기는 어렵다手揮五弦易, 目送歸鴻難."

간단하지만 쉽게 이해되지 않는 말이다. 거문고를 타고 현묘한 자연 속에서 노는 것을 묘사하는 일은 쉽고 돌아가는 기러기를 떠나보내는 것을 묘사하기란 어려운 이유가 무엇일까? 고개지는 이 시에서 무엇을 읽고 보았을까? 나는 이 고개지의 간단한 평 때문에 혜강의 심사가 무엇이었는지 궁금해지기 시작했다.

고개지의 자는 장강長康이고 소자小字는 호두虎頭다. 그는 인물을 그리는 것이 가장 어렵고 다음은 산수이며 그다음은 개와 말이라고 했다. 그의 그림 이론은 전신론傳神論으로 유명하다. 전신傳神이란 쉽게 말하자면 형체를 유사하게 그리는 것보다는 그 인물의 정신神을 온전히 드러내야 한다는 말이다.

고개지는 어떤 사람을 그렸을 때 수년 동안 눈동자를 그리지 않았다고 한다. 그 이유는 사람 몸의 형체가 아름답거나 아름답지 못한 것은 정신을 전달하는 데에 있기 때문이다. 특히 그는 눈을 강조했다. 마음을 드러내 보이는 창이기 때문이다. 그는 형체가 아니라 그 사람의 인품이라는 정신세계를 표현하고자 했다.

고개지는 혜강의 시에 드러난 정신세계를 표현하는 일이 어렵다고 본 것이다. 악기를 연주하는 동작을 묘사하기란 어렵지 않다. 그러나 돌아가는 기러기를 떠나보내는 심정을 표현하기란 어렵다. 왜 어려울까?

2

한동안 돌아가는 기러기를 떠나보내는 심사가 어떤 것인지 궁금했다. 그 의문을 해결하는 열쇠는 '귀歸'라는 글자에 있었다. 돌아가는 기러기라는 말에서 '돌아간다'는 말에 해당되는 한자가 귀歸였다.

『주역』에서 '돌아간다'는 뜻의 귀歸에는 색다른 의미가 있다. 쉰세 번째 괘는 점漸☶☴괘다. 풍산점風山漸이라고 읽는다. 위로는 나무를 상징하는 손巽☴괘와 아래로는 산을 상징하는 간艮☶괘가 합쳐져 이루어진 괘이기 때문이다.

산 정상에 나무가 있는 모습이다. 나무가 그렇게 높은 정상에 있는 데에는 이유가 있다. 점차적인 순서와 과정을 거쳐 합당한 절차를 밟아 올라갔기 때문이다. 점漸이라는 말은 '점차적으로 나아간다'는 의미다. 어디로 나아가는가? 군주가 있는 조정으로 나아간다. 점괘에 달려 있는 말은 간단하다.

여자가 시집을 가니 길하다. 올바름을 굳게 지켜야 이롭다.
女歸吉. 利貞.

'시집을 간다'고 해석한 말이 바로 귀歸다. 『주역』에서 '시
집 간다'는 것은 군주가 있는 조정에 나아감을 의미한다. 『주
역』에서 음양은 여러 가지를 상징한다. 양이 하늘이라면 음
은 땅이다. 양이 아버지라면 음은 어머니다. 양이 군주라면
음은 신하와 사대부들이다.

결국 시집간다는 것은 재능과 덕을 가진 사대부들이 곱게
화장하고 현명한 군주에게 나아감을 상징한다. 고대에는 시
집갈 때 엄격하고 복잡한 절차 및 예법이 있었다. 군주에게
나아갈 때도 마찬가지다. 절차와 예법을 생략하고 경거망동
하게 군주에게 나아간다면 정치적인 일을 함께 도모할 수
없다.

그러므로 여기서 시집을 가니 길하다는 말은 여자가 시
집갈 때처럼 엄격한 절차와 예법에 따라 정치권에 나아가야
길하다는 말이다. 올바른 지조를 지켜야 한다. 정도正道를
가야 한다. 욕심 때문에 시집갈 만하지 않은 상대에게 합당

한 예의와 절차를 거치지 않고 성급하게 시집가서는 안 된다. 어리석은 상대와 더불어 큰일을 도모할 수는 없다. 이는 재앙을 부를 뿐이다.

우연일까? 점괘의 모든 효는 기러기의 모습을 취해서 상징했다. 기러기는 오는 데에 때가 있고 무리를 짓는 데에 질서가 있다고 한다. 때와 순서를 잃지 않는 새다. 전통 혼례에서는 기러기를 사용한다. 신하가 임금을 처음으로 알현할 때 대부大夫 또한 기러기를 사용한다. 모두 구별과 순서가 있다는 뜻을 취한 것이다.

점괘의 여섯 효는 기러기가 물가, 반석, 육지, 나무, 언덕으로 점차 나아가는 모습으로 묘사된다. 점괘의 첫 번째 효의 말은 이렇다.

초육효는 기러기가 물가에 점차로 나아가는 것이니, 어린아이는 위태롭게 여겨서 말이 많으나, 이때가 오히려 허물이 없는 것이다.
初六, 鴻漸于干, 小子厲, 有言, 无咎.

'물가'란 군주가 있는 조정을 상징하는 '언덕'에서 가장 먼 곳을 말한다. 물가에 있는 사람은 권력의 중심부에 나가지

못한 궁핍하고 권력이 없는 한사寒士의 처지를 말한다. 도와
주는 사람도 없다. 궁핍한 처지에 있다고 해서 신세를 한탄
하거나 조급하게 굴어서는 안 된다. 아부와 아첨으로 지위
를 얻으려고 급급해서도 물론 안 된다.

한사들은 굳센 지조로 정도를 행할 수 있지만 어리석은
어린아이는 그렇지 못하다. 우리도 마찬가지 아닌가? 어려
운 때일수록 조급해하고 급급해한다. 불평과 불안에 가득
찬다. 그래서 궁핍한 상황을 참지 못한다. 말이 많아진다.
불평과 비난과 아첨과 비굴의 말들. 그러나 모르는 것이 있
다. 이렇게 권력과 거리를 두는 것이 오히려 허물이 없을 수
있다는 점이다.

3

절교는 쉬운 일이 아니다. 그러나 해서는 안 될 부도덕한
일도 아니다. 도덕을 지키기 위해 부득이하게 친구와 절교
할 수밖에 없는 경우도 있다. 혜강은 강직한 절교로 유명하
다. 그를 유명하게 만든 명문 「산도와의 절교서與山巨源絕交
書」라는 글이 있다.

산도山濤는 죽림칠현의 한 사람이자 혜강의 친구다. 그의

자는 거원巨源으로 위진 시대의 유명한 문인이다. 문제의 발단은 이렇다. 산도는 혜강에게 이부랑吏部郎이란 요직을 맡도록 천거했다. 낮은 벼슬이 아니다. 혜강이 승낙만 하면 바로 부임할 수 있었다.

그때 혜강은 중산대부中山大夫라는 위치에 있었다. 한직이며 낮은 벼슬이었다. 겨우 생계를 꾸려나갔고, 산도의 요청을 받아들이면 재물과 지위와 영예를 얻을 수 있었다. 산도에게 어떤 악의적인 음모가 있었을 리 만무하다.

혜강은 어쩌면 산도의 요청을 받아들여야 했는지도 모른다. 그러나 그는 거절했을 뿐만 아니라 절교서까지 썼다. 사람들은 의아해했다. 산도는 좋은 뜻으로 추천했는데 이렇게까지 할 필요가 있는가? 세속의 부귀가 싫다면 벼슬길에 나가지 않으면 되었다. 벼슬길이 싫다면서 왜 중산대부라는 관직에 연연하는가?

사실 혜강의 속내는 벼슬길이냐 은둔이냐라는 이분법으로 이해할 수 없다. 그렇지 않다면 조위曹魏 정권의 사위가 되고 중산대부라는 직위를 왜 받았는지 이해하기 어렵다. 그가 친구 산도와 절교를 선언한 진짜 이유는 산도를 미워했기 때문이 아니다.

사마씨 정권을 경멸하면서 절대로 협력할 수 없다는 선언이었다. 사마씨 정권에 협력하느니 차라리 속세를 떠나 고고한 생활을 하겠다는 선언이고, 궁핍하며 처량할지라도 정의롭지 못한 권력에 굽히지 않겠다는 선언이었다. 산도와의 절교는 세상 사람들을 놀라게 했다. 점괘의 마지막 여섯 번째 효의 말은 이렇다.

상구효는 기러기가 구름길로 점차적으로 나아가는 것이니, 그 날개깃을 의표로 삼을 만하여 길하다.
上九. 鴻漸于陸, 其羽可用爲儀, 吉.

여섯 번째 효는 권력에서 멀어져 세속적 지위에서 벗어난 사람을 상징한다. 기러기가 머무는 곳을 벗어나서 구름 속으로 나아간다는 것은 세속에서 벗어나 초탈하게 소요하는 자다. 정치적 지위가 없는 자리에 있지만 지위에 얽매이지 않는다.

고결한 곳에 처하여 지위에 스스로 얽매이지 않을 수 있다. 그 날개깃을 의표로 삼을 만하다는 것은 사람들이 존경하고 본받을 만하다는 점을 말한다. 혜강은 이 절교서를 통해 세속적인 의미에서 성공과는 멀어졌다. 그러나 세상 사람들의 존경을 받았으며 후대 문인들의 영혼을 울리는 상징이 되었다.

점괘의 점漸은 '점차적으로 나아간다'는 말로서, 함부로 군주에게 나아가지 않고 절차와 예법에 의해서 나아간다는 의미다. 이는 자신의 능력을 과신하여 성대한 대접을 받기를 요구하는 오만이 아니다. 어떤 일이든 절차와 예법에 따라 이루어져야 하며 절차와 예법을 갖추지 않은 일은 거절하는 게 합당하다는 의미를 또한 함축하고 있다.

4

성격이 운명을 결정짓는다고도 한다. 혜강은 산도와 절교하기 전에 사마소司馬昭의 관직 제의를 거절한 적도 있고, 사마씨 집단의 권력자인 종회鍾會를 무시한 적도 있다. 결정적으로 「산도와의 절교서」에서 "탕왕·무왕을 옳지 못하다하고, 주공·공자를 가볍게 본다"고 혜강은 말한다.

왜 혜강은 탕왕에서 공자까지 모두 부정했을까? 유교적 명교名敎를 거부한 것일까? 탕왕과 무왕은 무력으로 왕조를 바꾼 인물이고 주공은 어린 왕을 대신해 섭정攝政했던 인물이며 공자는 주공을 찬미한 사람이다. 이 말은 단순히 유교적 명교를 부정하는 것이 아니다. 조위 정권을 찬탈하려는 사마씨 집단의 음험한 계획을 이런 인물들을 빗대어 폭로하는 말이다.

사마씨 집단은 부담스럽더라도 당시 지식인들에게 명성이 자자했던 혜강을 죽이지 않을 수 없었다. 결국 혜강이 '돌아가는 기러기를 눈으로 떠나보내는' 것은 불의한 권력에 결코 협력할 수 없다는 단호한 저항이며 거절의 몸짓이다. 정치권력을 놓고 모략과 음모와 살육이 벌어지는 세속에 대한 혐오를 드러낸 것이기도 하다.

하지만 이렇게 거절하고 혐오하면서 거문고를 타며 현묘한 자연에서 노니는 모습을 묘사하는 것은 오히려 쉽다. 그렇다면 고개지가 '돌아가는 기러기를 눈으로 떠나보내는' 일은 묘사하기 어렵다고 했던 것은 무엇을 의미할까? 혜강이 죽기 전에 썼던 글 가운데 「유분시幽憤詩」에는 이런 대목이 있다.

기럭기럭 우는 기러기, 날개 떨치면 북으로 날아간다. 때에 순응하여 움직이면, 뜻을 얻고 근심을 잊는 법. 아! 나는 분개와 탄식만 하니, 일찍이 짝이 되어 날 수 없었구나.

嗷嗷鳴雁. 奮翼北遊. 順時而動. 得意忘憂. 嗟我憤歎. 曾莫能儔.

어찌 혜강에게도 현명한 군주와 함께 자신의 도를 천하에 펼치려는 뜻이 없었겠는가! 혜강은 결코 군주에게 시집가지 않으려는 독신주의자가 아니었다. 꽃단장을 하고서 자신을 알아주는 현명한 군주가 합당한 명분과 절차 및 예법을 갖추어 찾아오기를 기다렸던 것은 아닐까? 혜강은 좋은 짝을 만나 시집가고 싶어했던 것인지도 모른다.

많은 사람이 혜강의 도도한 고결함과 강직한 초탈함을 찬미했지만, 그의 고독 속에는 스스로에 대한 어떤 부끄러움이 있었던 것이다. 도도한 모습에 감춰진 내밀한 떨림이다. 「유분시」에서 또 이렇게 말하고 있다.

나는 홀로 무엇을 했기에, 뜻을 세웠으나 이룰 수 없었는가? 지금 환난을 거울삼아 돌아가려고 하지만, 마음이 내심 부끄러워지네.

予獨何爲, 有志不就? 懲難思復, 心焉內疚.

'내심 부끄러워지네'라는 말로 번역한 '내구內疚'는 '내성불구內省不疚'라는 『논어』에 나온 구절을 떠올리게 한다. "안으로 반성하여 부끄럽지 않다면 무엇을 근심하고 무엇을 두려워하겠는가內省不疚, 夫何憂何懼?"

고개지가 강조했던 것은 전신傳神이었다. 거문고를 타는 겉모습에 감춰진 정신을 드러내는 일이다. 그것이 어렵다고 했던 것은 혜강이 거문고를 타며 돌아가는 기러기를 떠나보내는 심사에는 체념과 회한, 후회와 절망, 희망과 좌절이 복잡하게 섞여 있기 때문이 아닐까? 혜강의 「증수재입군贈秀才入軍」이란 시에는 이런 대목이 나온다.

아름답구나, 저 낚시꾼 嘉彼釣叟
고기를 잡고는 통발을 잊는구나 得魚忘筌
영 땅 사람은 가고 없으니 郢人逝矣
이제 누구와 말로 다하지 못한 마음을 이야기할까
誰與盡言

영郢 땅 사람에 관한 우화는 『장자』에 나온다. 장자가 혜시의 무덤을 지날 때 했던 말이다. 어떤 영 땅 사람이 자기 코끝에 얇게 백토를 발라놓고 장석匠石에게 깎게 했다. 장석은 바람 소리가 나도록 도끼를 휘두르며 태연하게 깎았는데, 백토만 떨어뜨리고 코는 다치지 않았다. 영 땅 사람도 낯빛 하나 변하지 않고 내맡겼다.

송나라 군주가 이 이야기를 듣고 장석을 불러 자신을 상대로 한번 해보라고 했지만 장석은 그렇게 깎을 능력은 있었으나 자신과 함께할 상대는 오래전에 죽었다고 답했다. 장자 또한 혜시가 죽은 뒤 함께 얘기를 나눌 만한 상대가 없다고 했다.

혜강은 그런 심정이었다. 백토를 눈 깜짝할 사이에 깎아 놓을 능력은 있지만 그를 믿고 속마음을 이해해줄 사람은 떠나고 없다. 누구와 함께 탁주 한잔 마시며 복잡한 마음을 이야기할 수 있을까? 그리고 그는 기러기들처럼 함께 돌아가고 싶었던 것인지도 모른다.

왜 맛있는 꿩고기를
먹지 못했을까?

백이의 「채미가」와 정鼎괘

1

저 서산에 올라 고사리를 꺾네 登彼西山兮, 采其薇矣

폭력을 다스린다고 폭력을 동원하니 그 잘못을 모르는
구나 以暴易暴兮, 不知其非矣

신농, 우순, 하우 홀연히 죽고 나니, 내 어디로 돌아가
야 할까 神農虞夏忽焉沒兮, 我安適歸矣

아, 떠나야 하리, 명이 다하였구나 于嗟徂兮, 命之衰矣

　세상에는 두 부류의 사람이 있다. 인仁을 좋아하는 사람
과 인하지 못함을 미워하는 사람. 차이가 있을까? 인을 좋

아하는 사람은 인을 좋아하기 때문에 다른 모든 것도 포용하지만, 인하지 못함을 미워하는 사람은 인만을 무척 좋아하기 때문에 다른 모든 것을 포용하지 못한다.『채근담』에는 이런 말이 있다.

더러운 땅에서는 살아 있는 것이 많지만 맑은 물에서는 항상 고기가 없는 법이다. 그러므로 군자는 때를 묻히고 더러운 것도 받아들이는 도량이 있어야지 깨끗한 것만 좋아하고 홀로 행하려는 지조를 지키려고 해서는 안 된다.
地之穢者, 多生物, 水之淸者, 常無魚. 故君子當存含垢納汚之量,
不可持好潔獨行之操.

땅속의 생명들은 영양분을 섭취하면서 살아간다. 영양분의 대부분은 똥이다. 더러운 똥은 거름이 되어 생명을 키워내는 힘으로 작용한다. 홀로 고결함을 지키며 더러운 인간들을 미워하면 고립을 자초하게 된다. 이해하고 묻어주고 용서하고 나누어야 거름이 된다.

앞서 인용한 시는 백이伯夷의 「채미가采薇歌」다. 송대 화가 이당李唐의 「채미도采薇圖」를 보면 고사리는 뜯지 않고 백이와 숙제가 서로 뭔가 심각하게 얘기를 주고받는 모습이

「채미도」 부분, 이당, 비단에 먹, 27×90cm, 베이징 고궁박물관 소장

그려져 있다. 무엇을 말하고 있었을까? 말을 나눈다는 것은 풀리지 않는 여한이 있었기 때문이 아닐까?

백이의 원망에 관한 이미지를 만든 사람은 사마천이다. 『사기열전』이 「백이열전」으로부터 시작된다는 점은 의미심장하다. 사마천은 「백이열전」에서 백이·숙제 같은 선한 사람은 비운에 죽어갔고, 도척 같은 도둑놈은 천수를 누렸다고 한탄하면서 '과연 천도天道란 옳은 것인가, 그른 것인가'라며 비분 섞인 의문을 던진다.

백이는 무왕武王이 은나라 주왕紂王을 치려는 일을 반대한 사람이다. 문왕文王의 위패를 들고 가는 무왕에게 아버지가 죽고 장례가 끝나지도 않았는데 무기를 잡는 것은 효가 아니라고 비난했다. 또 신하로서 임금을 죽이려는 것은 인仁이 아니라고 충고했던 사람이다.

결국 주나라의 곡식을 먹지 않고 수양산에 숨어 고사리를 캐먹다가 굶어서 죽을 지경에 이르러 노래를 지었다는 것이 바로 「채미가」다. 백이는 굶어 죽어가면서 사마천과 같은 비분과 울분을 느꼈을까?

주희는 사마천이 백이를 원한에 가득한 사람이었다는 듯이 묘사한 것을 비난한다. 사마천은 백이를 통해 스스로의 비분을 드러냈던 것이지 백이를 객관적으로 서술하지 못한 것이다. 백이는 자신의 행동에 대해 후회나 원망 같은 것은 없었다.

공자도 "인을 구하여 인을 얻었으니 다시 어찌 원망이 있었겠는가?"라고 평가했다. 어떤 사람은 백이를 홀로 올곧은 행동을 하여 만세의 사표가 되었다고 칭찬한다. 또 어떤 사람은 무왕은 무왕으로서 의로운 일을 한 것이고 백이는 신하로서 의로운 일을 한 것이라고 평가하기도 한다.

백이는 신하로서 지조와 절개를 지켰다. 그 일로 원망할 일은 없었다. 그러나 많은 사람은 도량이 좁은 사람이라며 그의 '협애함隘'을 말하고 있다. 과연 그의 협애함이란 무엇이었을까?

2

『주역』에는 지조와 절개를 상징하는 괘가 있다. 예순 번째 괘인 절괘다. 절節☵☱괘는 수택절水澤節이라고 읽는다. 괘의 모습이 물을 상징하는 감坎☵괘가 위에 있고 연못을 상징하는 태兌☱괘가 아래에 놓여 이루어진 괘이기 때문이다.

연못에 물이 들어차 있는 모습이 절괘의 이미지다. 연못에 물이 들어차 있으나 물을 받아들일 수 있는 용량에는 한

도가 있다. 그 한도를 넘으면 물이 넘친다. 과도한 것이다. 절도를 넘어서는 것이다.

절괘에 달린 괘의 말은 간단하다. "괴롭고 힘든 절개라면 올바를 수 없다苦節. 不可貞." 절도의 한계를 넘어선 절개는 올바를 수 없다는 의미다. 한계와 도량을 넘어서기 때문에 원망이 있을 수 있고 오래 지속될 수도 없다. 그런 까닭에 올바를 수 없다. 절괘의 여섯 번째 효가 이 괴롭고 힘든 절개를 상징하는 효다. 여섯 번째 효의 말은 다음과 같다.

괴롭고 힘든 절개이니 올바르더라도 흉하다. 그러나 후회는 사라진다.
苦節. 貞凶. 悔亡.

양만리楊萬里는 이 효에 해당되는 인물로 백이를 들고 있다. 왜 올바르더라도 흉하다고 했을까? 올바른 행위가 다른 사람에게 흉한 결과를 초래하기 때문이라고 해석하는 사람도 있다. 좋은 의도가 흉한 결과를 가져온다, 올바른 판단일지라도 독선적일 경우 흉한 결과를 가져올 수도 있다는 말이다.

양만리는 다른 측면으로 설명한다. 백이를 질타하기보다

는 세상에 대한 비애와 백이에 대한 애정이 있다. 양만리도 신하로서 임금을 죽이려는 인(仁)하지 못한 일을 미워하면서 자신의 고결함만을 지키는 일이 도량이 협애한 태도라고 평가한다.

그러나 세상의 더러움과 타협하지 않고 고결함을 지키는 사람이 흉하다는 점을 강조하기보다는 그런 태도가 세상으로부터 받을 수 있는 질시를 염려한다. 고결한 지조가 세상으로부터 외면당하는 현실에 대해서 안타까워하는 것이다.

양만리는 백이의 협애함을 질타하기보다 고결한 사람들이 인정받지 못하는 세상에 대해서 탄식한다. 양만리는 이러한 현실에서 비애를 느낀다.

사람들은 괴롭고 힘든 절개를 회피하지만 자신은 그 힘겨운 절개를 스스로 달게 감내한다. 원망하지 않고 원한을 품지 않으며 슬퍼하거나 나약해지지 않는다면 또 무엇을 후회하겠는가! 그러나 성인은 그 사람을 안쓰럽게 생각하여 흉하다고 깊게 경계해준 것이다.

然人苦其苦而己甘其苦. 不怨不懟, 不感不傷, 又何悔焉! 聖人閔其人而深戒之以凶.

물론 백이는 원망하지도 슬퍼하지도 나약해지지도 않았으니 후회할 것이 없다. 그러나 하늘은 말이 없다. 사마천이 한탄했듯이 선한 사람이 보답을 받는 것도 아니고 악한 사람이 벌을 받지도 않는다. 선한 사람의 불행을 하소연할 곳은 없다. 보답을 바라고서 선행을 하는 것은 아니지만 부조리한 하늘에 대한 비애감은 피할 수 없다. 과연 '과연 천도란 옳은 것인가, 그른 것인가?'

주목할 부분은 백이의 마음을 협애하다고 평가한 대목이다. 백이의 협애함은 세상의 더러운 것을 받아들이지 못하는 속 좁은 도량일까? 맹자는 "군주다운 군주가 아니면 섬기지 않고, 친구다운 친구가 아니면 사귀지 않으며, 나쁜 사람들이 들끓는 조정에는 서지 않고, 나쁜 사람과는 말조차 하지 않는" 사람이라고 평한다.

맹자에 따르면 백이는 너무 맑고 곧은 사람이었다. 인한 사람을 좋아하기보다는 인하지 못한 사람을 몹시도 미워했다. 맑은 물에는 고기가 살지 않는 법이다.

3

대부분 백이는 청렴하고 맑은 지조를 지킨 사람으로 평가한다. 세상 사람들이 모두 '네'라고 할 때 홀로 '아니오'를 외친 강직한 사람이다. 그러나 융통성 있는 강직함과 편협한 고집스러움은 구별되어야 한다.

정이천程伊川의 평가는 시각을 달리한다. 포용력이 부족해서 도량이 협애한 게 아니다. 백이는 주왕을 정벌하러 가는 무왕에게 신하로서 군주를 죽이는 일은 인仁한 일이 아니라고 간언했다. 무왕이 주왕을 정벌한 일은 하극상의 쿠데타일 뿐일까?

맹자는 결코 그렇게 보지 않는다. 맹자는 신하가 군주를 시해한 일이 아니라 어리석은 놈을 죽였을 뿐이라고 대답했다. 군주답지 않은 군주는 죽여도 좋다는 혁명을 말하고 있다. 정이천은 이렇게 백이를 평가한다.

백이는 단지 군주와 신하의 본분을 어기는 일을 해서는 안 된다는 점만 알았지 무왕이 천명을 따라서 잔혹무도한 놈을 죽였다는 점은 알지 못했다.
伯夷只知君臣之分不可, 不知武王順天命誅獨夫也.

정이천이 말하는 백이의 협애함은, 포용력이 부족하여 속이 좁은 걸 의미하지 않는다. 천명을 이해하지 못한, 식량識

量이 부족한 속 좁음이다. 백이는 군주와 신하의 본분이라는 원칙만 고집했을 뿐 혁명이 일어날 수밖에 없는 그 필연적 형세와 민심은 알지 못했다. 천명을 알지 못했다.

『주역』에서는 무왕이 주왕을 정벌하러 간 일을 어떻게 보고 있을까? 혁華☰☰괘가 있다. 혁명에 관한 괘다. 마흔아홉 번째 괘가 혁괘다. 괘의 모습은 연못을 상징하는 태兌☰☰괘가 위에 있고 불을 상징하는 이離☰☰괘가 아래에 있다. 연못 속에 불이 있는 모습이다.

물과 불은 서로 다투어 변화를 생성한다. 물이 불을 없애고, 불이 물을 말려서 서로 변혁시키는 것이다. 불이 아래에서 타오르고 물이 위에서 흘러 서로 취하면서 극剋하니 변혁이 된다. 혁괘의 괘에 달린 말은 이렇다.

탕왕과 무왕이 혁명하여 천명을 따르고 사람들에게 호응했으니, 혁명의 때가 크구나!

湯武革命, 順乎天而應乎人, 革之時大矣哉!

『주역』에서는 탕왕과 무왕의 혁명에 대해 천명을 따르고 민심에 호응한 일이라고 평가한다. 신하가 군주를 시해하는 무도한 일이 아니다. 혁명을 할 만한 때라면 혁명을 할 수밖에 없다. 백이는 이 혁명의 필연성을 이해하지 못하고 편협한 고결함만 고집했던 것이 아닐까?

혁명이란 중대사다. 그럴 수밖에 없는 부득이한 때가 있고, 그것을 수행할 재능과 지위가 있어야만 하며, 그 일을 지지해줄 민심이 있어야 한다. 이 모든 것이 무르익은 타이밍이라면 혁명은 부득이하다. 그것을 천명이라 할 수 있다.

편협한 고결함이란 속 좁은 마음이라기보다는 천명을 헤아릴 수 있는 명철한 혜안이 부족한 것이다. 군신 간의 명분만을 고집하여 천명의 필연성을 알지 못했던 것이다. 이 편협함 때문에 똥같이 더러운 일이라고 비난했지만 스스로 똥을 묻혀 거름이 되지 못했던 것은 아닐까?

4

사마천이 묘사한 백이의 원망은 사마천이 지어낸 일일 수 있다. 공자가 평가했듯이 백이에게는 어떤 원망도 없었다. 정이천은 백이가 고사리를 캐먹다가 굶어 죽었다는 것도 사마천이 지어낸 이야기일 수 있다고 한다. 주나라의 곡식을 먹지 않았다는 것도 실제로는 주나라의 녹봉을 먹지 않은 것을 뜻한다고 본다. 벼슬자리에 나아가지 않았다는 뜻이다.

무왕은 은나라 주왕을 정벌하고 주나라를 개창했다. 나라를 세운 뒤에는 안정을 이루어야만 한다. 마흔아홉 번째 괘가 혁革괘였다. 그러면 쉰 번째 괘는 무엇일까? 정鼎☰괘다. 솥을 상징한다. 솥은 가장 안정적인 기물이다. 혁명 이후의 안정을 상징한다.

정괘의 세 번째 효의 말은 이러하다.

구삼효는 솥의 귀가 마음을 바꿔 그 나아감이 막혀서 맛있는 꿩고기를 먹지 못하지만, 화합하여 비가 내려서 부족하다는 후회가 결국에는 길하게 된다.

九三. 鼎耳革. 其行塞. 雉膏不食. 方雨. 虧悔終吉.

솥의 귀는 군주를 상징한다. 구삼효는 능력이 있지만 아직 군주의 신임을 얻지 못한 사람을 상징한다. 군주의 신임을 얻지 못하면 자신의 능력을 천하에 펼칠 수 없다. 맛있는 꿩고기를 먹지 못했다는 것은 벼슬자리를 얻어 녹봉을 받지 못한 것을 의미한다.

그러나 그 능력이 세상에 드러나면 군주의 신임을 얻어 벼슬길에 오를 수 있다. 음과 양이 만나야 비가 내린다. 결국 양인 군주와 음인 신하가 서로 뜻이 맞아 화합한다는 말이다.

구삼효는 재능을 가지고서 불행히도 기회를 얻지 못했지만 스스로 겸손하며 융통성을 가질 때 결국에는 길하게 될 수 있다는 말이다. 정이천은 "과도하게 강직하다면 어떻게 길하게 될 수 있겠는가若過剛, 則豈能終吉?"라고 평하고 있다.

강직과 경직은 구별되어야 한다. 강직함은 어떠한 상황 속에서도 그 상황에 가장 적절한 방도를 찾아 스스로를 변통하여 강건하게 뜻을 이룬다. 유연한 강직함이다. 경직은 상황이 변화할 때 그 상황의 마땅함을 헤아리지 못하고 자신의 편협한 신념에 굳어버려 스스로를 변통할 줄 모른다. 고집스런 경직이다.

백이는 고집스럽게 경직돼서 맛있는 꿩고기를 먹을 수도 있었는데도 먹지 못했던 것은 아닐까? 공자는 백이에 대해 인을 구하여 인을 얻었으니 무슨 원망이 있겠는가라고 평가했지만 자신은 백이와는 다른 사람이라고 했다.

자신의 뜻을 굽히지 않고 자신을 욕되게 하지 않은 것은 백이와 숙제다. (…) 나는 이와 달라서 가한 것도 없고 불가한 것도 없다.

不降其志, 不辱其身, 伯夷叔齊與 (……) 我則異於是, 無可無不可.

　가한 것도 없고 불가한 것도 없다는 말은 혁명해야만 할 때라면 혁명에 참여할 수밖에 없다는 뜻이기도 하다. 백이는 "아, 떠나야 하리, 명이 다했구나!"라고 말했지만, 명이 다했다면 그 시대적 조건에 합당한 새로운 명을 창조해내야 하는 것이 삶이다. 그렇게 삶은 지속된다.

왜 항우는 오강을
건너지 않았을까?

이청조의 「하일절구」와 간艮괘

1

살아서도 사람 중에 호걸이더니 生前做人杰

죽어서도 귀신 중에 영웅이구나 死亦爲鬼雄

지금까지 항우를 그리워함은 至今思項羽

강동을 건너가길 마다했기 때문이라네 不肯過江東

송나라의 여류 시인 이청조李淸照의 「하일절구夏日絶句」라
는 시다. 서초패왕西楚覇王 항우項羽를 영웅으로 칭송한 작
품이다. 진리는 언어로 규정할 수 없는 것인지도 모른다. 사
람의 마음이란 더욱 그러해서 그 주위만 뱅뱅 맴돌 수밖에

없다. 그런 탓에 그 사람의 마음에 대한 다양한 '해석'에 근거한 진실만을 어렴풋이 '이해'할 따름이다.

항우의 최후에 대해서도 마찬가지다. 그가 오강을 건너가 살 수 있었음에도 건너지 않고 죽음을 맞이한 것에 대한 평가는 엇갈린다. 영웅으로 칭송하는 이도 있고 안타까워하는 이도 있다. 당나라 시인 두목杜牧은 고집불통을 못내 안타까워한다. 「제오강정題烏江亭」의 마지막 구절이다.

승패는 병가로서도 기약할 수 없으니 勝敗兵家事不期
수치를 감싸고 견디는 것이 사내인 것을 包羞忍恥是男兒
강동의 자제 중에는 준재가 많으니 江東子弟多才俊
흙먼지 일으키며 다시 왔을지도 모르지 않겠는가 捲土
重來未可知

두목은 개인적인 수치를 감내하고서 권토중래할 가능성을 무시했기 때문에 진정한 남아이지 못했던 항우를 탓하고 있다. 항우는 명문가 출신으로 자부심과 더불어 권력에 대한 욕망이 넘쳤던 사람이다. 진시황의 순행 행렬을 보고 "저것을 빼앗아 대신할 만하다"고 외칠 정도였다. 그게 지나쳐 자만으로 흘러 휘하의 인재들을 의심함으로 인해 잔혹하고

西楚霸王

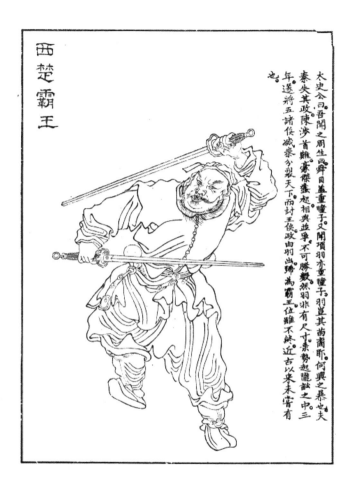

太史公曰吾聞之周生曰舜目蓋重瞳子又聞項羽亦重瞳子羽豈其苗裔耶何興之暴也夫秦失其政陳涉首難豪傑蠭起相與並爭不可勝數然羽非有尺寸乘勢起隴畝之中三年遂將五諸侯滅秦分裂天下而封王侯政由羽出號為霸王位雖不終近古以來未嘗有也

항우 초상

비정한 짓들을 저지르기도 했다.

그에 비하면 유방劉邦은 너그럽고 인재를 이용할 줄 아는 사람이었다. 마오쩌둥은 "항우는 정치가가 아니다. 유방이 고단수의 정치가다"라고 평했으며, 항우가 사면초가를 당하여 지은 「해하가垓下歌」 위에 이렇게 적어놓았다고 한다. "다른 사람이 내는 다른 의견을 듣지 않는다." 고집불통이란 말이다.

고집불통일지라도 그의 죽음은 사마천에 의해서 숭고하게 묘사되어 있다. 스스로 서초패왕이라 칭했던 항우가 해하에서 한나라 군사의 포위망에 갇힌다. 이때 한나라 병사들은 초나라 병사들을 항복시키려고 그들 진영을 향해 초나라 민요를 연주한다. 이것이 사면초가四面楚歌다. 이에 항우는 홀로 적진으로 뛰어들어 포위망을 뚫고 말을 달려 간다.

항우가 오강烏江에 이르렀을 때 오강의 정장亭長은 강동이 비록 작은 땅이지만 오강을 건너가 그곳 왕이 되어 후일을 기약하라고 충고한다. 하지만 항우는 하늘이 망하게 하는데 강을 건너간들 무엇 하며 수많은 젊은이를 죽게 했는데 그들의 부모 형제를 볼 면목이 있겠느냐며 웃으면서 거절한다.

항우는 정장에게 고마움의 표시로 사랑하는 말 추騅를 주고 혼자서 한나라 군사 수백 명과 싸우지만 역부족이었다. 그는 자신의 시체를 천금만호로 사려는 유방에게 팔라며 시혜를 베풀듯 스스로 목을 찔러 죽는다. 과연 항우는 왜 오강을 건너지 않았을까?

2

항우는 영웅일까, 아니면 고집불통일까? 항우가 오강을 건너지 않고 자결한 이유에 대해서 여러 견해가 있다. 첫째는 우희虞姬 때문이라는 설이 있다. 우희는 미모가 빼어났기 때문에 우미인虞美人이라고도 불린다. 외모가 아름다웠을 뿐만 아니라 춤과 노래에도 능했다. 특히 검무劍舞에 뛰어났다고 한다.

사면초가에 빠졌을 때 항우는 사랑하는 우희와 함께 술을 마시며 시를 읊었다. 「해하가」다. 항우의 걱정스런 시를 우희는 조용히 듣고 있었다. 우희는 검무 한 곡을 추겠다고 한다. 항우는 별다른 생각을 하지 않고 자신의 검을 내준다. 우희는 얼굴에 엷은 미소를 띤다.

아름다운 선율에 맞추어 하늘하늘 춤을 추다가 춤이 고조에 달할 무렵 우희는 갑자기 검을 들어 자기 목을 찔렀다.

눈부시게 희디흰 목에서 붉은 피가 솟구쳤다. 항우의 품에서 우희는 항우의 「해하가」에 대한 화답가를 불렀다.

한나라 군사들이 이미 침범하여 漢兵已略地
사방에 초나라 노랫소리가 울리네 四方楚歌聲
대왕의 의기가 이미 다했는데 大王意氣盡
천첩이 어찌 살기를 바라리이까 賤妾何聊生

항우는 우희가 목숨을 끊은 그 검으로 31세 젊은 나이에 자결한다. 사람들은 이들의 사랑을 애석해하며 오늘날까지도 감동하고 있다. 하지만 아름답되 그것이 사실인지는 확인할 길이 없다.

둘째는 항우의 고결한 품성에서 찾기도 한다. 자신의 실패와 백성의 고통 때문에 전쟁을 빨리 종결지으려는 생각 때문이라고도 한다. 이청조와 두목도 항우의 마지막 죽음에 대해서 엇갈린 견해를 취하고 있다. 무엇이 이청조와 두목, 두 사람의 시선을 갈라놓았을까. 항우가 죽기 전에 우희 앞에서 노래했던 「해하가」를 보자.

힘은 산을 뽑고도 남음이 있었고 기백은 천하를 덮었노

라 力拔山兮氣蓋世

때가 불리한데 오추마마저 달리지 않는구나 時不利兮騅

不逝

오추마야 너마저 달리지 않으니 어찌할 수 있겠는가

騅不逝兮可奈何

우희야, 우희야, 너를 어찌한단 말이냐 虞兮虞兮奈若何

항우는 '어찌할 수 있겠는가可奈何'라고 말한다. 어찌할 수
없다는 말이다. 이 말 속에 항우의 마지막 심사가 담겨 있다
고 볼 수 있다. 자신의 힘으로도 어쩔 수 없는 지경에 이르
렀다는 자각이다. 이러한 자각에는 어떤 비장함이 있다.

『장자』에는 이런 말이 있다. "마음을 섬기는 자는 눈앞에
어떤 일이 일어나도 감정의 요동이 없이 그 '어찌할 수 없음'
을 알고서 운명처럼 편안하게 생각한다. 이것이 최고의 덕
이다自事其心者, 哀樂不易施乎前, 知其不可奈何而安之若命, 德之
至也."

장자가 말하는 '어찌할 수 없음其不可奈何'은 항우의 표현
과 동일하며 이 말은 '부득이不得已'함을 뜻한다. 이 어찌할
수 없음을 명증하게 이해하고 그것을 자신의 운명처럼 받아
들이는 것을 장자는 최고의 덕이라 평한다.

항우가 오강을 건너지 않은 이유를 먼저 이 말과 연관지어 생각해볼 수 있다. 자신에게 주어진 운명은 자신이 초래한 결과일 뿐이다. 그것이 어떠한 결과이든 그것에 대해 책임을 지지 않으면 안 된다. 그것은 숭고한 결단과 같은 순간이다.

3

이청조는 왜 항우를 영웅시했을까.『주역』에는 '결단'에 대한 괘가 있다. 마흔세 번째 괘인 쾌夬▆▆괘다. 택천쾌澤天夬라고 한다. 연못을 상징하는 태兌▆▆괘가 위에 있고 하늘을 상징하는 건乾▆▆괘가 아래에 있다. 연못의 물이 하늘 높이 솟아올랐다.

그래서 쾌괘는 둑이 무너져 물이 쏟아져 내리는 모습으로 이미지화된다. 물이 둑에 가득 차면 어떻게 되는가. 둑이 무너져 내린다. 가득 참이 극에 이르면 둑이 무너져 내리듯 결단을 내린 후에 잠잠하게 그친다.

여기서 쾌夬와 결決과 쾌快의 문자적 유사성에 주목하자. 쾌夬괘에는 결決단으로 멈추니 마음이 쾌快적하다는 의미가 있다. 결단을 내린 후에 그친다고 했다. 그친다는 의미의 '멈

209

춤'에 관한 쉰두 번째 괘가 간艮☶괘다. 간괘란 멈춰야만 할 때 멈추는 모습을 상징한다. 이형기의 「낙화」라는 시의 첫 구절은 이렇다.

가야 할 때가 언제인가를
분명히 알고 가는 이의
뒷모습은 얼마나 아름다운가

가야 할 때를 알고 등을 돌리는 모습, 이것이 간괘가 상징하는 가장 적절한 모습이다. 이청조가 항우를 영웅으로 평가하는 이유를 이 괘와 함께 생각해볼 수 있다. '멈춤'을 상징하는 간괘에 달린 괘의 말은 이렇다.

그 등에 멈추어 그 몸을 보지 않는다. 정원에 가더라도 그 사람이 보이지 않는다. 허물이 없다.
艮其背, 不獲其身, 行其庭, 不見其人, 无咎

정이천은 '등을 지고 몸을 보지 않는 것'을 자기에게 '합당한 몫'에 편안한 마음으로 멈추는 것으로 해석한다. 자연적 필연성에 따라서 이해관계나 개인적인 욕망과 무관하게 자신에게 합당한 몫으로서의 마땅함을 운명처럼 받아들이는 태도로 이 구절을 해석한다.

여기에는 어떤 후회나 분노, 원망이나 아쉬움도 없다. 주어진 몫이 해로운 것이든 이로운 것이든 어찌할 수 없는 운명에 복종한다. 그래서 마음이 '안중견실安重堅實'하다. 마음이 '편안安'하고 '진중重'하며 '견堅고'하고 '진실實'하다는 말이다. 쾌괘에서 말했던 결決단하여 마음이 쾌快적하다는 것과 동일한 의미다.

항우는 마지막 순간에 왜 자살이라는 결단을 내렸을까. 그는 마지막 순간 서초패왕이라고 착각했던 어리석음과 오만을 깨닫고서 권력을 향한 자신의 욕망이 자초한 모든 결과에 대해 죄책감에 시달리지 않았을까. 스스로 가져온 결과에 대해 명증한 이해를 함으로써 그것이 자신의 책임일 수밖에 없다고 여기고 이를 운명처럼 받아들였던 것이다. 그 어찌할 수 없음을 자신에게 '합당한 몫'으로 받아들이는 것이다.

항우는 자살하는 순간 이 '어찌할 수 없음'에 직면했고 부득이한 필연성을 결단했던 것이다. 그러나 이런 결단은 이것보다는 차라리 저것을, 나쁜 이것보다는 더 좋은 저것을 '선택'하는 것이 아니라, 이것 외에는 아무것도 할 수 없어

211

부득이한 필연성에 '복종'하는 것이다.

항우가 오강을 건널 수 있었는데도 건너지 않았던 것은 강동으로 갔을 때의 이해관계를 따져보고 더 좋은 것을 선택한 것이 아니다. 오직 그것만을 할 수밖에 없는 그 필연성을 따랐을 뿐이다. 이청조가 그리워했던 영웅의 모습은 바로 이것이 아닐까.

4

그러나 항우는 그 순간 마음이 편안하고 쾌적했을까. 두목은 왜 항우를 안타깝게 생각했는가. 서른네 번째 괘가 대장大壯☰☰괘다. 뇌천대장雷天大壯이라고 한다. 우레를 상징하는 진震☰☰괘가 위에 있고 하늘을 상징하는 건乾☰괘가 아래에 있다. 하늘에서 우레가 진동한다.

대장괘는 굳센 양의 힘이 강성하게 성장하고 파죽지세로 전진하는 모습을 상징한다. 항우의 삶과도 유사하다. 그러나 이 괘의 마지막 여섯 번째 효는 무모한 돌진을 경계하고 있다. 마지막 효의 말은 이렇게 묘사한다.

숫양이 울타리를 들이받아 물러날 수도 없고 나아갈 수

도 없다. 이로울 것이 없다. 어려움을 알고 신중하면 길하다.

羝羊觸藩. 不能退. 不能遂. 无攸利. 艱則吉.

진퇴양난이다. 항우가 왕성한 힘을 펼치며 파죽지세로 나아가다가 사면초가를 당한 형세와 유사한 상황을 상징하고 있다. 대장괘의 「상전象傳」에서는 이런 형국에 이르게 된 원인을 '주도면밀하고 신중한 헤아림이 없었'기 때문이라고 해석한다. 진퇴양난에 몰렸을 경우 자신의 허물을 인정하고 물러서야 한다. 그런 까닭에 '어려움을 알고 신중하면 길하다'고 했던 것이다.

항우의 경우도 마찬가지로 자신의 잘못을 인정하고 오강을 건너 자초한 추악한 결과에 대해 응분의 대가를 치르고 다시 훗날을 신중하게 도모했어야 했던 것이다. 두목의 생각과 유사하다.

그러나 왜 신중하게 헤아리지 못했을까. 정이천은 이렇게 해석한다. "자질이 나약해서 자신을 이기고 의로움을 취할 수 없기 때문에 물러서지도 못하며, 용감하게 나아가려는 욕망에 차 있지만 나약하기 때문에 결국 좌절하고 위축되어 나아가지도 못한다."

213

영화 「패왕별희」의 한 장면

정이천의 해석에 의하면 물러서지도 나아가지도 못한 이유는 나약했기 때문이다. '수치를 감싸고 견디'며 물러날 수 있는 신중한 용기는 '역발산기개세'를 과시하며 수백 명의 군사와 싸우려는 무모한 광기와는 다르다. 두목은 이런 광기에서 그의 나약함을 보았던 것이 아닐까.

스스로 서초패왕이라고 생각했던 항우의 오만은 뜻하지 않았던 어려움에 직면해서 좌절되었고 서초패왕이라는 믿음에 의심의 균열이 일어났다. 그렇게 자신의 나약함에 무의식적으로 직면했던 것이다.

그러나 나약한 주체는 자신이 나약하다는 것 자체를 부정하려는 과장된 행위를 하게 된다. 자신의 시체를 시혜를 베풀듯이 유방에게 팔라고 소리치며 스스로 목을 찔러 죽었던 것은 드러내고 싶지 않았던 자신의 나약함을 감추려는 과장된 행위가 아닌가.

스스로를 처벌하듯이 자살하는 것이 항우의 진실이었을까. 아니면 자신의 나약함에 직면하여 그것을 부정하려는 광기가 항우의 진실이었을까. 나는 이 두 가지가 연결되어 있다고 생각한다.

스스로를 처벌할 수밖에 없어서 그 부득이함에 따르고야 마는 행위는 자신에 대한 마조히스트적 복종이면서 동시에 자기를 학대하는 사디스트적 폭력이다. 또한 모든 것을 부정하고 싶었던 나약한 주체가 자신을 버린 하늘에 대해 분노하고 그럼에도 물러서지 않겠다는 용맹을 세상에 과시하는 사디스트적 광기는 자신의 시체를 시혜 베풀듯 포기하는 마조히스트적 절망과 통한다.

사디스트적 자기 학대와 마조히스트적 자기 포기가 곧 자포자기自暴自棄다. 결국 사도마조히즘적인 잔혹극이 바로 항우의 마지막이 아닐까.

찾아보기